トービン税入門

新自由主義的グローバリゼーションに対抗するための国際戦略

La taxe Tobin et la solidarité entre les nations

ブリュノ・ジュタン【著】
Bruno Jetin

和仁道郎【訳】
Wani MIichiro

金子文夫【解説】
Kaneko Fumio

社会評論社

トービン税入門◎目次

彼女の忍耐に対してナタリーに
彼女の生きる喜びに対してアリスに

［注記］

文中の［　］または★を付した注は、訳者が補足したものであり、また、原文における誤記など一部訳者の判断で修正した箇所には＊印を付してある。参照文献のうち邦訳があるものについては付記してあるが、訳文は必ずしもこれによらない。

序章　トービン税の起源
金融的グローバル化につながっていったものへの懸念

経済学のジェームズ・トービン教授は、アメリカのプリンストン大学で一九七二年に行なわれたレクチャーの際、為替相場を安定させることを目的として、通貨を対象とした取引に対する税を制定する、というアイディアを打ち出した(1)。

このタイミングは偶然の産物ではない。この少し前、一九七一年八月、ニクソン米大統領は、金の売買を停止し、ドルの金への交換性を撤廃することを、財務長官に指示していた。この決定は、一九四四年ニューハンプシャー州の小さな町ブレトンウッズで第二次大戦の未来の勝者たちによって構築された国際通貨体制を、終わらせることになるものであった。それは世界経済の歴史における決定的断絶を告げるものであり、振り返ってみれば、グローバル化の真の出発点と見なすことができよう。

約二五年の間（一九四五～一九七一年）、ブレトンウッズ体制は為替相場のはっきりとした安定性を確保していた。[2] その長所は何だったのだろうか？

それは、まず不安定性の不都合に目を向けてみれば理解できる。為替相場の著しい低下は、輸入されるすべての財・サービスが値上がりすることを意味する。もしも一国の諸企業がたくさんの資本財や原料品を輸入しているとすれば、投資、成長、雇用が削減される。もしもその国がたくさんの食料品やその他の消費財を輸入しているとすれば、家計の購買力が減少するのであり、それはしばしば劇的な割合に及ぶ。インドネシアでは、一九九七～九八年の危機のさなかに、自国通貨が五〇パーセントにまで及ぶ価値を喪失してしまっていた。この国は食べていくための米を大量に輸入しているというのにである。数日のうちに、何百万もの家庭が、貧困に陥った、あるいは貧困に逆戻りしたのだった。

逆に、為替相場の過度の上昇は、一国の輸出を減少させることになりうる。なぜなら、輸出品は外国の買い手にとってより高価になるからである。その結果、その国の成長にマイナスの影響がもたらされる。これは九〇年代にチリが直面していた問題であり、チリはこれに対して資本流入の抑制を図る措置によって応じていた。

為替相場の安定性のほうが、成長にはより好ましい。[3] ブレトンウッズ体制が存在していた二五年間は、歴史的にも高い成長率、並みはずれた生産性の向上、そして完全雇用の実現が見られたのであり、しばしば「黄金時代」と呼ばれる時期であった。これに反して、ブレトンウッズ体制の終焉に続く何十年かは、長期に半減した成長、恒常的な大量失業、そして、一九九七年までのアジアを除く世界のあらゆる地域における貧困の増大によって、特徴付けられてきた。為替相場の安定性もしくは不安定性は、すべてを説明するただ一つの要因ではないとはいえ、そこには偶然の一致以上のものがあるということを多くの研究が示してきた(4)。

為替の安定性には、もう一つ最後に来る利点がある。すなわち、諸企業は為替リスクから自分の身を防御するために資産を浪費する必要がなくなり、それゆえ投機は減少することになるであろう、ということである。定義上、投機とは、そこから利益を引き出すことを期待して、あるリスクを引き受けることである。もしもリスクがわずかであるなら、そこから利益を引き出す可能性もまたわずかである。そこは、金融に関するロジックの基本的特性にかかわるところである。すなわち、防御と投機とは、本質的に結びついている、ということである。あるリスクから自分の身を防御したいと思う人たちは、そのリスクを、そこから利益を得ようとしてそれを引き受ける人たちに譲り渡すのであるが、しかし、経済全体のレベルでは、このリスクは決して消滅することはなく、大きな危機の最中には現実のものとなるのである。

ブレトンウッズ体制の成功の鍵は、国際的レベルでも国内的レベルでも、資本および為替の非常に制限的な規制を明示的に実施したことであった。その結果として、この時期の本質的特徴がもたらされていた。すなわち、金融資本の可動性は、諸国の内部でも国際的規模でも非常に限定的だった、ということである。

ブレトンウッズ体制が消滅し、通貨の全般的フロート［変動相場制］の時代に入ると、金融資本は、気に入った場所であれば世界中の至る所を動き回る権利を急速に取り戻すことになる。こうした資本の国際的可動性は、数年のうちに、今日われわれが知っている金融的グローバル化への道を開いていった。それは何故なのか、ということを理解するのが重要である。

通貨の全般的フロートは、しばしば予測できない、為替相場の大幅な変動となって現れた。誘発された為替リスクから自分の身を防御する必要から、企業や銀行・金融機関はその投資を多様化するようになった。すべての卵を同じ籠に入れてはいけない、というよく知られた諺に従ってのことである。多様化は、同じ国内およびさまざまな諸国におけるさまざまな金融資産（株式、債券）に投資することで、次には新たな金融資産を創出することで行なわれた。それゆえ、ある資産から別な資産へと移ることができるようにするには、その障害となる規制の障壁をすべて撤廃することにより、金融市場から隔壁を取り除かなければならなかった。隔壁と規制とは、ある市場における危機が、一国内であれ多国間であれ、第二の市場に広がることを避けるために、公権力によって築き上げられていたものであった。

それゆえ、リスクに対する果てしない投資の多様化による防御は、資本と為替の規制の段階的廃止につながる規制緩和の強力な要因であった。国内的な面では、銀行信用についての量的制限、国家による利子率の上限規制が撤廃された。対外的な面では、米国が一九七四年一月一日に資本の国際的可動性に対するすべての制限を撤廃したが、これは一九七三年にカナダ、ドイツ、スイスが取った決定に続くものであった。同じことを、イギリスが一九七九年に、日本が一九八〇年に、フランスとイタリアが一九九〇年に、スペインとポルトガルが一九九二年、すなわちそれらの通貨を転覆させることになる投機的攻撃の直前に、行なった。次いで、発展途上国に対する圧力が強まった。過重債務を負っていた諸国が資本規制を削減し、さらには撤廃さえした。それを融資認可の条件にしていたＩＭＦ（国際通貨基金）の圧力を受けてのことである。アジア諸国はもっと長いこと抵抗した。とりわけ、インド、中国、台湾は、一九九七〜九八年の危機を相対的に免れることになる。

資本の可動性に対するあらゆる障壁の撤廃は、「投機の国際経済[5]」の形成に決定的なはずみをつけた。そこでは取引の量が爆発的に増えるだけでなく、より根本的に、為替市場の性質自体が変化した。すなわち「投機の動機が、取引の動機や予備の動機よりもますますはっきりと優勢になっている」（H. Bourguinat, *op. cit.*, p. 127）。

まさにこの状況こそ、ジェームズ・トービンが予期し、通貨取引税を導入することで回避したいと願っていたものである。「為替システムをめぐる論議は、問題の本質を棚上げし、曖昧にしている。その本質とは、民間金融資本の過度の国際的（より正確には諸通貨間の）可動性である[6]」（強調は引用者）。

そこからジェームズ・トービンの提案が出てくる。すなわち、民間金融資本の国際的可動性を減少させることで、為替相場を安定させ、それゆえ各国経済政策に自律性を取り戻すことが達成できるだろう、というものである。これは彼が呼ぶところでは、「たっぷり油のさされた国際金融の歯車に少々の砂粒を撒く」ことである。そうすれば、通貨に対する投機の影響力を減少させることになるであろう。この提案は、何度も繰り返されたのだが、ジェームズ・トービンによれば、「深い井戸に落ちる石」のように迎えられた。「経済学界はただひたすらそれを無視した」。しかしながら、

J・トービンは無名の人どころではなかった。

　一九一八年シャンペイン（米国イリノイ州）に生まれ、二〇〇二年に没したジェームズ・トービンは、自分の経済学に対する情熱を、子供の頃に深く記憶に焼きついた大恐慌の思い出によって説明している。成長と完全雇用によって貧困と闘うために、理論的考察を経済政策に役立たせようとする彼の意志は、そこから来ている。一九三五年から一九三九年まで、ハーヴァード大学の学生となり、そこでJ・M・ケインズの著作を見いだした。一九五〇年には、生涯を過ごすことになるイエール大学のスタッフに加わった。その理論的業績の質の高さにより、彼はケネディ大統領の経済諮問委員会に参加することになる（一九六一～六二年）。この委員会は、成長を高め、雇用に悪影響を与える経済変動を安定させることを、使命として与えられた。彼は、一九六二年の「大統領経済報告」[7]の作成に貢献したが、それは経済政策に関するケインジアン的マニフェストとなるものである。一九八一年には、「金融市場分析およびその支出選択・雇用・生産・物価との関係」によりノーベル賞を授与される。


　彼を迎えた礼儀正しい沈黙にもかかわらず、彼が正しい見方をしていたという単純な事実によって、ジェームズ・トービンの提案は忘却から救われた。その後の何十年かの間に、繰り返し生じている経済・金融危機（一九九四～九五年メキシコ、一九九七～九八年アジア、一九九九年ロシア・ブラジル、二〇〇一年トルコ・アルゼンチン）が、「トービン税」もしくは他の手段によって資本の可動性を減少させるという考えを、再び時代に合ったものにしている。

「トービン税」に関心を持つもう一つの動機は、あらゆる税と同様、それが税収をもたらすということである。このことは決してＪ・トービンの主要な動機付けではなかったのであって、この税によって生み出される税収は彼にとっては「添え物」（副産物）でしかない、ということに注意を促すのを彼は忘れてはいない。しかしながら、この面は、一九九五年*［三月］、コペンハーゲンで開催された国連の第一回「社会サミット」の際、次いで一九九五年［六月］ハリファックス（カナダ）でのＧ７サミットの際、重要性を増すことになる。国連開発計画（ＵＮＤＰ）や国連貿易開発会議（ＵＮＣＴＡＤ）のような国連の重要機関が、開発のための新たな財源となる可能性を強調して、非常に早くから「トービン税」の擁護者となっていく。

ある意味では、世論がトービン税のさまざまな目的の間の総合を行なう役割を担うことになっていくのであった。南の諸国における激しい経済危機と、北の諸国における〝株価のための解雇〟は、グローバル化の恩恵についての自由主義的言説の正統性を失わせたのであり、投機の有害な性質をはっきりと証明した。大学教員や政策担当者たちの閉鎖的な世界から外に出ることで、また、オルタ・モンド（もう一つのグローバル化）論者たち［alter-mondialistes］(8)のおかげで次第に多くの人々に知られるようになることで、トービン税はその意味を変えたのであり、部分的にはその最初の設計者の手を離れているのである。九〇年代の後半には、それは金融的投機に対する単純で具体的な手段となった。この手段は、南北間の亀裂を縮小することを可能にするとともに、市場に奉仕する個性なきグローバル化に対抗する好機を諸国政府に提供するものである。

■トービン税はそれらの目的すべてを達成できるのか？

もしもＪ・トービンの最初の提案に従うだけにとどまるならば、答えは否であって、反対者はたやすくその弱点を糾弾できる有利な立場になる。

それゆえにこそ、本書が示していくのは、「トービン税」の支持者たちの間での国際的論議が、どのように、批判を考慮して最初の提案を進化させ、それをグローバル化した金融の現実に適合させてきたか、ということなのである。今はもう、「トービン税」よりはむしろ、より一般的に通貨取引税★という言い方のほうが適当である。

本書で私が採用する視点は、次のようなものである。ジェームズ・トービンのもともとの提案を否認するのではないが、理由のない教条主義を擁護しようとするつもりもない。ジェームズ・トービンともう一つのグローバル化を求める運動との間の不一致は、数多くあって公然たるものである。ジェームズ・トービンは、あるがままのＩＭＦや世界銀行を擁護していたし、彼の税をＩＭＦ加盟の条件にしたいと思っていた。彼は税収の全部または一部を、これらの機関にゆだねようと考えていた。もう一つのグローバル化の支持者たちは、これらの機関を、劇的な社会的影響をもたらした破滅的な経済政策についての頑迷な責任者とみなしている。彼らは、これらの機関を最低限でも徹底的に改革することを、そしてしばしば、これらの機関の段階的消滅を取り決めることを望んでいる。フィリピンのウォールデン・ベローの表現を借りれば、寿命の尽きた原子力発電所を廃棄するのにいささか似たようなものとして、というわけである。ジェームズ・トービンは、自由貿易と世界貿易機関（WTO）に賛成だった。ここで言い尽くすことはできないが、もう一つのグローバル化論者たちは、自由貿易とWTOに反対し、自由に選択されるものとしての貿易開放の度合いと、人権・基本的社会規範・環境権に従属するものとしての貿易の権利とを、それに対置するのである。

これらのテーマすべてについて、J・トービンともう一つのグローバル化論者たちとの違いは、明白で和解不能なものである。このことは為替取引への課税という提案について、われわれが彼に賛成することを妨げるものではない。この点に関しては、J・トービンともう一つのグローバル化論者たちとを対立させようとするあまり、しばしば、J・トービンはトービン税に反対するようになったと断言された。カルロ・ジュリアーニの死亡が注目されたジェノヴァでのG8サミット［二〇〇一年七月。この際に大規模ないわゆるグローバリゼーション批判派によるデモが行なわれ、警官隊との衝突により二三歳の一青年が撃たれて死亡したほか、約二〇〇名が負傷した］の後に、『シュピーゲル』誌（*Der Spiegel*）に対して応じたインタビューを読み返すと、ATTAC［市民のために金融投機に課税を求めるアソシエーション。本書第4章参照］に対して表明した反対がはっきりと見いだされはするものの、そこでもジェームズ・トービンはトービン税の第一の支持者のままであった。

J・トービンの考えすべてに同意することなく、トービン税を支持することは可能か？

然り、と私は主張する。そしてそれは、本書の全体を通して私が明らかにしていくことである。私にとっては、多くの者にとってと同様、通貨取引税――今後はそう呼ぶことにするが――は、新自由主義的資本主義の全面的再検討に向けた第一段階である。市場経済は、超えられない地平などではなく、全くその逆である。この点に関しては、もう一つのグローバル化論者たちのすべてが必ずしも私と同意見ではないだろうし、読者もまたそうであろう。私のアプローチはＡＴＴＡＣのために闘うことで得られたフランス内外での非常に豊かな経験から育まれているものであるとはいえ、本書がＡＴＴＡＣの関与しない個人的著作となっているのは、それゆえのことである。ＡＴＴＡＣの財産の一つは、必ずしもすべてに同意見ではなくとも、共有点に関して一緒に行動するすべを心得ている市民たちを、一緒に闘わせることに成功したことである。

それゆえ、これは闘争的な著作であるが、すでに確信をもっている活動家にだけ向けたものではない。読者が納得するように、通貨取引税について、その投機に対する有効性について、そして開発の財源調達への考えられる寄与について、できるだけ教育的で正直であろうとする説明が見いだされるであろう。

私の大学の同僚のうちの何人かは、これが闘争的な著作であり、よって当然「科学的でない」著作となっていることを見いだして、本書を閉じてしまおうとするかもしれないが、私が彼らに説きたいのは、経済学は、かつては高貴な語義での政治経済学であったものだが、非政治的な科学になろうとし、さらには精密であることを旨とする科学になろうとする自負に、あまりにも長いこと思い煩ってきたということである。この企ては実を結んでいない。厳密な推論を行なうことや、数学を適切に利用することが不可能だというのではない。だがそれは、出発点となる仮説を明示することを条件としてのことである。しかるに、それらの仮説は、市場経済の優位性のみならず、とりわけこの上もなく歯止めが利かなくなっている新自由主義の優位性をも最初から仮定しているというのに、それはあまりにもしばしば隠されている。

猫を猫と呼ぶ［歯に衣着せずに言う］ほうが良い。たしかに闘争的な著作ではあるが、峻厳さを奉じているわけではない。私が主張していることを各自が自分で確かめることができるように、系統的に出典、特にインターネット上の文書の参照先を挙げつつ、論拠や計算や、時として無視されている細部を私は開陳することにした。とはいえ、いくつかの、とりわけ最も技術的な側面は、わざと触れずに残されている。それらの側面は、学術的な様式をとった別な著作で取り扱うことで、もっと要求水準の高い読者を満足させることにしよう。

［注］

（1） 初出は、James Tobin, *The New Economics: One Decade Older*, The Janeway Lectures at Princeton University, 1972 (Princeton University Press, 1974), pp. 83*-93. フランス語抄訳、J. Tobin, [Nicolas Inchauspé, tr.,] *Retour sur la Taxe Tobin*, Édition Confluences, 2000, pp. 19-28*.

（2） たとえば、英ポンドのドルに対する為替相場は、一九四九年に一度、そして一九六六年にもう一度、引下げの改定がなされた。

（3） 肯定的に言うのは、為替相場の安定性についてであって、絶対的な固定性についてではない。後者は、その必要が感じられる時にも、為替相場の改定交渉の余地をまったく許さないものである。

（4） たとえば、John Eatwell, Lance Taylor, *Global Finance at Risk: The Case for International Regulation*, The New Press, New York, 2000.［J・L・イートウェル、L・J・テイラー『金融グローバル化の危機――国際金融規制の経済学』岩本武和・伊豆久訳、岩波書店、二〇〇一年］を見よ。

（5） H. Bourguinat, *Finance internationale*, coll. «Thémis», Presses Universitaires de France, 1992, pp. 125-127, の表現による。

（6） "A Proposal for International Monetary Reform", in *Eastern Economic Journal*, Vol. IV, No. 3-4*, 1978, p. 154. [http://www.iona.edu/eea/publications/proposal.htm] フランス語訳抜粋、J. Tobin, *Retour sur la Taxe Tobin*, Édition Confluences, 2000, p. 31*.

（7） 毎年、経済諮問委員たちによって米国大統領に提出される、アメリカ経済の状態についての報告書。この報告書は、基本的な参照基準となる公的資料である。

（8） 我々はこの言い方で、もう一つの別なグローバル化のために闘う人々のことを指しているのである。この人々を諸国政府やメディアは執拗に反グローバリスト（antimondailistes）と規定しようとしているが、カリカチュア（戯画化）は常に根本的議論を回避する最善の手段である。テレビニュースのキャスターにとっては、新自由主義に反対してもう一つのグローバル化に賛成することは不可能であり、彼らの頭にはあまりにもしっかりとそれが叩きこまれているので、新自由主義は、番組の最後に放送される天気予報と同程度に自然現象なのだというほどなのである。

★［訳注］フランス語では "Taxe sur les transactions de change"（略称：TTC）で、直訳すれば「為替取引税」に当たる表現が用いられている。同一のものを指すのに、英語では "Exchange tax" という場合もある（たとえば Tobin, 1974, p. 89）が、近年ではトービン自身を含め「通貨取引税」（Currency Transactions Tax、略称：CTT）という呼び方をすることが多く、日本でもしばしばこれが用いられているため、本訳書では、後者に統一している。

第1章　通貨投機を抑制する税

為替市場のあまりにも大きな流動性が投機に打ってつけであり、その取引にかける税によってそれを是正できるだろう、というJ・トービンの考えは、新しいものではない。その考えは、J・M・ケインズに遡る。彼は、一九二九年の株価暴落の際に、株価変動がロンドンの証券取引所よりもウォール街の方でより激しかったことに注目していた。ケインズは、ウォール街での売買にかかる税がないことが、その原因であると考えていた。ケインズとトービンとの間のこうした直接のつながりを思えば、投機とそれを抑制する手段についてケインズがどう考えていたかを詳しく紹介するのは正当なことである。

投機のもとになる過剰流動性

投機とは何だろうか？

純粋な投機の一般的定義を与えることから始めよう。カルドア[1]によれば、伝統的に投機と呼ばれるのは「後日に再売却（もしくは再購入）する意図をもって行なう財の購入（もしくは売却）のどのような取引であれ、その行為が現行価格の変化の期待によって動機づけられているものであって、その財の使用、なんらかの加工、あるいはある市場から他の市場への移動、といったものに結びついた利益によっては動機付けられていないとき」である。それゆえ、ある原料品に関して投機を行なう者には、この原料品のいかなる用途もない。ある金融証券やある通貨に関して投機を行なう者についても同様である。価格の期待された変遷だけが大事なのである。投機家たちは、価格を見越し、そこから利益を引き出すために、何をするのであろうか。ケインズによれば、投機家たちの活動は、「市場の心理状態を予測すること」にある。ケインズは、投機を、彼が「企業」と呼ぶものに対置する。この「企業」とは、通常の語義における企業ではなく、「資産の全存在期間にわたる期待収益を予測することに存する活動[2]」を指し示す語である。この資産は、資金調達をするためにある企業によって発行される株式および債券である。

より正確には、「企業活動」は、株式を発行する企業が長期において生産的な利潤を引き出す能力を、正確に評価するということにある。この評価は、「ファンダメンタルな価値」と呼ばれるものであり、それを行なう投資家たちは、「ファンダメンタリスト」と形容される[3]。利潤が高い企業は配当を支払うことができ、その株式の相場は上昇するのが見られるであろう。この株式を買った投資家は、配当を受け取ることによってであれ、より安く買った株式をより高く転売することによってであれ、豊かになることができ、このことが彼の忍耐に報いることになろう。ある企業の長期の収益性を評価することは、簡単なことではない。成長に関する予測に基づいて需要の状態を分析し、テクノロジーの予測できる進化や、競争の状態や、そして当該企業の固有の質――その生産組織、賃金コスト、会社風土、イノベーション能力、等々――を知らなければならない。こうした不確実な要素のいずれもが、企業活動をリスクのあるものにする。

これに反して、投機家は、ある株式の内在的価値や、ある企業が長期的に生産的活動によって利潤を引き出す能力には、興味がない。彼は、単に、金融資産の価格が明日どのように動くかを当てようとするだけである。それを知る唯一の手段は、他の人々がどう考えるかを予測することである。投機家の行動を叙述するのに、ケインズは、三〇年代のイギリスの新聞で流行していた「美人コンテスト」を引き合いに出している。そこで問題だったのは、審査員が投票をして勝者の女性を決めるような、「ミス・ワールド」型のコンテストに相当するものではなかった。この場合には、読者は、誰が審査員によって選ばれるかを当てるように呼びかけられるのであるが、もし審査員の構成がわかるのであれば、審査員のメンバーたちの美的な好みを知るように努めなければならない。もしその構成がわからないのであれば、読者は、審査員に影響を及ぼす可能性のある、美の判断基準についての一般的観念を持たなければならない。毎回、最終結果は、読者の行動から独立したものとなるであろう。投票するのは審査員であって、読者ではないからである。そして勝つためには、美についての個人的意見を持つか、あるいは、審査員に影響を及ぼしそうな最も流布している美の判断基準についてよく考えるかしなければならない。これは、外部の現実を観察しなければならないという意味で、外向性の行動ということになる。

投機的なロジックを考えるためにケインズが引き合いに出しているコンテストのタイプは、異なる性質のものである。「……参加者は、百枚ほどの写真の中から、最も綺麗な六人の容貌を選ぶことになっており、賞を与えられるのは、その選好が、競争参加者全体で計算される平均的選択に最も近い者である。それゆえ、各競争参加者は、自分自身が最も綺麗だと思う容貌ではなく、他の競争参加者たちの票を得るのに最もふさわしいとみなす容貌を選ばなければならず、他の競争参加者たちもみな、問題を同じ観点から眺めるのである」(J. M. Keynes, *op. cit.*, p.168[邦訳、一五四ページ])。今や最終結果は、各読者の(投票の)行動に依存している。勝つためには、美についての自分の個人的意見に従うのは適切ではない。危惧されるのは、この意見に賛同するのがただ一人であれば確実に負けるということである。何が美に関する平均的意見か当てることを、目標として定めることもまたできない。前もって存在する美の判断基準にその平均的意見が基づいているのだったなら、そのような戦略が可能でもあろう。その判断基準は、外側にいて他の人々を観察する個人が、特定しようとするところとなるものである。しかるに、我々はその状況にはない、というのも、この集団は、同じ推論を皆が行なうことでお互い同士を観察しあうように駆り立てられているような諸個人から構成されており、もはや誰ひとり、平均的意見に影響を及ぼしうるような前もって存在する美の判断基準を特定しようとはしないからである。それゆえ、勝つためには、はるかに緻密な推論を行なわなければならない。すなわち、「彼らのそれぞれが互いに多数意見を予測しようとするときに形成されるような、他者の選択」（A. Orléan, *op. cit.*, p.64［邦訳、七九ページ］）をうまく言い当てなければならない。「本当に平均的意見が最も美しいとみなすことになる写真を選ぶこと」ではなく、「それぞれの競争参加者が平均的意見を当てようとするときに平均的意見が最も美しいとみなすことになる写真を選ぶこと」（A. Orléan, *op. cit.*, p.68［邦訳、八三ページ］）が重要なのである。要するに、平均的意見であると平均的意見が想像するものを当てることである。

金融市場においては、事情はまさしくこのようなものである。外部の現実を理解することではなく、他の者たちが何をするかを観測することが重要であるという意味において、投機家の行動は非常に内向的である。成功する投機家とは、株式のファンダメンタルな価値や企業が利潤をあげる能力がどれくらいであるかを測定しようとして自分の個人的意見に立脚する者でもなければ、その株式や企業に関する平均的意見に立脚する者でもない。成功をかちとる投機家とは、特定の株式に関して、市場に介在するおのおのが平均的意見であると想像することをうまく見定める者である。企業の内在的な質やそれが発行する株式のファンダメンタルな価値についての、投機家の個人的意見はどうでもよいし、この件についての平均的意見が正しいか間違っているかもどうでもよいのである。

このような状況では、情報や噂が過度の重要性をもつようになる。その信憑性がどうであれ、たとえ誰もそれを信じていなくてさえも、意見の突然の変化につながることがある。投機家にとって肝腎なのは、ある情報が市場によってどのように解釈されるかを予測することである。為替市場に関して、第一の例を挙げよう。一九八七年一一月一二日の『ニューヨーク・タイムズ』によって報じられ、A・オルレアン（*op. cit.*, pp.71*-72〔邦訳、八六～八七ページ〕）によって分析されているものである。「ロナルド・レーガン大統領の声明の後に続いてドルの上昇が観測された。その声明では、彼の意見として、ドルは十分に下落した、と明言している」。それについての説明は単純であってファンダメンタリスト型のものだろうと思われるかもしれない。「為替トレーダーたち[4]にとっては、公式声明の際にレーガン大統領によって提供された新たな情報を考慮に入れることが重要なのであって、これは、ドルのファンダメンタルな価値についての彼らの評価を修正することにつながるものだ、というわけである。しかしながら、もっと入念に調べると、この説明は誤りであることが明らかになる。実際、トレーダーたちにインタビューした後で、この記者が確認しているのは、大統領の経済に関する専門的知識を真に受ける者は誰もいないということである。『誰も大統領を信じてはいなかった』と記者は指摘している。だが、それではなぜドルを買ったのか？　みな口々に答えるのはこうだ。自分の考えとしてということであれば、レーガン大統領を全く信頼していないけれども、他の人々は彼の言葉に影響されそうだと考える」。そこからその記者はこう結論付ける。「インタビューを受けたトレーダーは、ロナルド・レーガン大統領の声明に関する懐疑心にもかかわらず、大統領がなんと言ったかを知るや否や、ドルを買った。そのニュースを聞けば他のトレーダーたちがドルを買うことになると彼は考えたからである。それがこの通貨の相場を上昇させることになるだろう、と。彼は、あとで価格が上昇したときに、自分のドルを再び売ることができると期待していた」（強調は引用者）。

一般的に言って、金融市場への参加者が利用する情報は、単純で明瞭でなければならない。経済統計の複雑な解釈だと、十分に明快なシグナルを送らず、議論を呼ぶことにもなりえよう。たいていの場合、金融市場は、この分野の比較的単純化された通念によって支配されている。すなわち、「公共支出は有害である。失業の低下は当然インフレ増大につながる。増税は成長にブレーキをかける。等々」といった類である。これらの通念を、ケインズは「慣行」（conventions）と呼ぶ。将来を正確に予測することができないとすれば、投資家は慣行によってこれらの単純な通念にすがるからである。それらの通念は、一般的意見を一定の期間安定させうる参照基準点として役立つ。もしも、皆が、経済は健全で金融市場は安定的だと他の人々すべてが信じていると思うのであれば、金融市場は一時的には安定的になる。目下流行している考えというだけに過ぎないものを「ファンダメンタルな変数」と規定することで、平均的意見はそれ自身で自家中毒になりうるのである。ジョン・イートウェルとL・テイラー（Eatwell & Taylor, *op. cit.*, p.13［前掲（序章注4）邦訳、一七ページ］）は、イギリスに関する次のような例を示している。――「長年のあいだ、イギリスの国際収支赤字は〝ファンダメンタル〟なものだと信じられてきた。国際収支の赤字はすべて、ポンド売り圧力につながっていた。というのも、市場は自分たちが信じることに従ってきたからである」。八〇年代以降、一般的意見は変化したのであり、赤字はもはや必ずしも決まってポンド売りにはつながるということはなくなっている。国際収支はもはや「ファンダメンタル」なものではなくなっている。「ファンダメンタルなものとは、まさに一般的意見がファンダメンタルだと信じるものにほかならないのである」。

上述のことから次のような教訓を引き出すことができる。

1．すべての金融市場参加者が、一国の経済状態についてのある種のファンダメンタルな確信を共有しながら、なおかつ、市場は別なことを信じていると考えるがゆえに、その確信と違ったふうに行動することがありうる。

2．その結果、金融市場は、経済の現実から完全に切り離された強気もしくは弱気の傾向につながることがありうる、ということになる。新情報通信技術（ＩＴ）に関連した株式相場の最近の例を挙げよう。投機家たちは、経済ジャーナルを読み、多数のベンチャー（スタートアップ）企業の利益の欠如による大いなる脆弱性を強調する、何年にもわたって繰り返されてきた分析を共有していたのだが、相場の上昇を観測し続け、またその継続を予測している限りは、それらの企業の株式を買い続けることが彼らの利益であった。そして、最近のクラッシュ［崩落］に至るのである。一九九四年末にメキシコ通貨が、一九九七〜九八年にアジア通貨が、その価値を四〇〜五〇％失っていたときも同様であった。これらの切下げは、これら諸国の経済の真の状態に照らしてみると、過度のものであったのだが、市場がそれら通貨の相場下落に賭け、為替トレーダーたちが相場下落の継続を予測している間は、売り続けることが彼らの利益になっていたのである。

このような投機的行動は、いつもそれほどの規模で存在してきたわけではない。ケインズによれば、それは取引費用が低下するのに応じて強まったのである。

それというのも、金融証券を買ったり売ったりすることは、ただではないからである。つまり、諸個人や諸企業は、金融市場に直接アクセスはできない。一般的には手数料を徴収する銀行に依頼しなければならないのであり、その手数料に、さらに市場における他の仲介者の手数料、証券取引所会社自体の手数料、情報調査関係の費用、証券保管の費用、国家により徴収される税金といったものが加わるのである。これらの費用は、情報の流通および取引の物理的実現の分野における技術進歩のおかげで、また、市場組織の変化のおかげで、次第に低下してきた。これらの費用が減少すればするほど、ますます多数の取引を実現することが容易になる。この現象を指して、金融市場の「流動性」が増加するという。この進化はプラスになるものだと考えることができる。それは投資を促進するからである。実際のところ、貯蓄者は、投資するために資金を調達しようとしている企業によって発行される証券を買うことを、それらの証券を再び売ることが容易にできるとの確信がある分だけ、それほどためらわなくなる。流動性は、個人投資家の「神経を鎮める」ことになり、より多くのリスクを進んで冒す気にさせるのである。問題は、流動性がこうしたプラスの面だけを持つわけではないことである。ある企業の株式を容易に再び売ることができるとするならば、この企業が中長期において収益性があるか否かを判定することは、もはや必要ではなくなるのである。

実際、証券取引所におけるすべての投資家が、株式を買った後にはそれらを保有し続けることを余儀なくされているのであったなら、彼らは、これらの株式のファンダメンタルな価値、すなわちその企業が長期において利益を引き出す能力に、真に関心を持つことを余儀なくされることであろう。[6]すべての投資家が「ファンダメンタリスト」となり、投機は存在しないことになろう。金融的な投資家の時間的視野は長期に向けられ、このことは経済をより安定的なものにすることであろう。こうした状況は、それ自体としては馬鹿げたものではない。というのも、A・オルレアンが改めて指摘するごとく（*op. cit.*, p.33〔邦訳、四五ページ〕）、「相場を付けられる資本のうちには、〝流動的〟なものは何もなく、所有権証書が交換されても、資本のほうは場所を変えない」*からである。ある企業の工場は、位置を変えず動かなくなっている固定資本であるのに対し、その企業によって発行された株式はといえば、持ち手を変えることができる。貨幣と引き換えに証券を転売するのを可能にすること、言い換えれば、皆に受け入れられる価格と引き換えに、最初は流動的でなかったものを流動的にすること、これこそ金融市場の存在理由の一つなのである。

しかし、そうすることで、流動性は、投資家の時間的視野を短期に帰着させ、生産的投資の内在的価値には興味を持たないように仕向けることになるのである。彼は、より高い値で転売することを期待してしか、株式を買わないことになる。

近代資本主義経済は、真の「矛盾」に直面する。流動性の欠如は、生産的投資への重大な障害を引き起こす。しかし、流動性の存在は、投機を活発化するので、生産的投資を「……カジノの活動の副産物……」（J. M. Keynes, *op. cit.*, p.171〔邦訳、一五七ページ〕）にするのであって、生産的な収益性という判断基準に基づく厳密な選択の対象ではなくしてしまうのである。

この矛盾からいかにして脱け出すか？　流動性を取り除くことはできないので、ケインズはそれを減少させることを提案する。

「公共の利益そのもののために、カジノへの出入りが難しく高くつくものでなければならない、ということは一般的に認められている。たぶんこの原則は証券取引所に関してもあてはまるだろう。

ロンドン市場がウォール街ほど度を越してはこなかったという事実は、たぶん国民性の違いによるよりも、平均的アメリカ人にとってのウォール街に比較して、平均的イギリス人にとってのスロッグモートン街（ロンドン証券取引所）の近づきがたく費用のかかる性質からくるものであろう。ジョッバー[7]の利鞘、ブローカー[8]の高い手数料、ロンドン証券取引所での取引について徴収される国の

金融市場の流動性に関するケインズのいくつかの見解

1．必ずしも常に投機が企業よりも優勢であるとは限らないとしても、「投機の優位の危険は、金融市場の組織が進歩するにつれて大きくなる傾向がある……」「……これは、資本市場の〝流動性〟をうまく編成するかどうかにかかっている」（Keynes, *op. cit.*, p.171〔邦訳、一五六〜一五七ページ〕）。

2．われわれがこの先で検討することになる多くのトービン税批判の中では、市場の流動性の縮小が、金融市場の存在自体を損なう冒瀆として現れる。この自由主義思想の決まり文句もまた、新しいものではない。ケインズは『一般理論』の中でこう述べていた——「正統派金融のすべての金言の中でも、間違いなく、流動性の盲目的崇拝以上に反社会的なものはない。すなわち、この教義によれば、投資機関がその資産を〝流動的〟な証券のポートフォリオ〔保有資産の構成〕に集中することは、積極的な美徳ということになろう」〔邦訳、一五三ページ〕。

重い譲渡税が、流動性を十分に減少させるので（…中略…）ウォール街の特徴となっているような取引の大部分を取り除くことになっている。おそらく、すべての取引に対してかける重い国税の創設が、米国における投機の企業に対する優勢を緩和する手段として最も有益なものであるということが明らかになるであろう」（Keynes, *op. cit.*, pp.171-172［邦訳一五七～一五八ページ］）。

ケインズによれば、証券取引所で売買することが比較的高くつくならば、相当数の投機的取引がもはや採算が合わなくなる。そうしたわけで、彼は、「流動性を十分に減少させる」ために、言い換えれば、彼の考えでは投機的取引に照応している「取引の大部分を取り除く」ために、「重い国税」の創設を推奨するのである。

ジェームズ・トービンは、ケインズによって表明されたこの提案から直接に着想を得ている[9]。しかし、彼は、すべての金融取引への一般的な税という提案をそのまま繰り返すのではなく、その適用範囲を為替市場のみに限定している。

そのことは、彼の基本的な関心によって説明される。すなわち、国家がその国の経済にふさわしい、主権に基づく経済政策[10]を実施する可能性を保持することである。彼によれば、ブレトンウッズ体制の消滅は、経済政策の主権を問い直すような、国際的規模での民間資本の可動性の増大を引き起こした。ある国家が自国の成長を促進しようと望むときには、利子率を引き下げようという目的で、マネーサプライを増加させることを選択するかもしれない[11]。しかし、そうすると、その国は外国におけるより高い利子率を求めての資本の流出にさらされることになり、このことは、その過程で自国通貨の外国通貨に対する価値を低下させることになるであろう[12]。為替取引にかかる税があれ

図１：為替市場・貿易および国際投資――密接な関連性という作り話

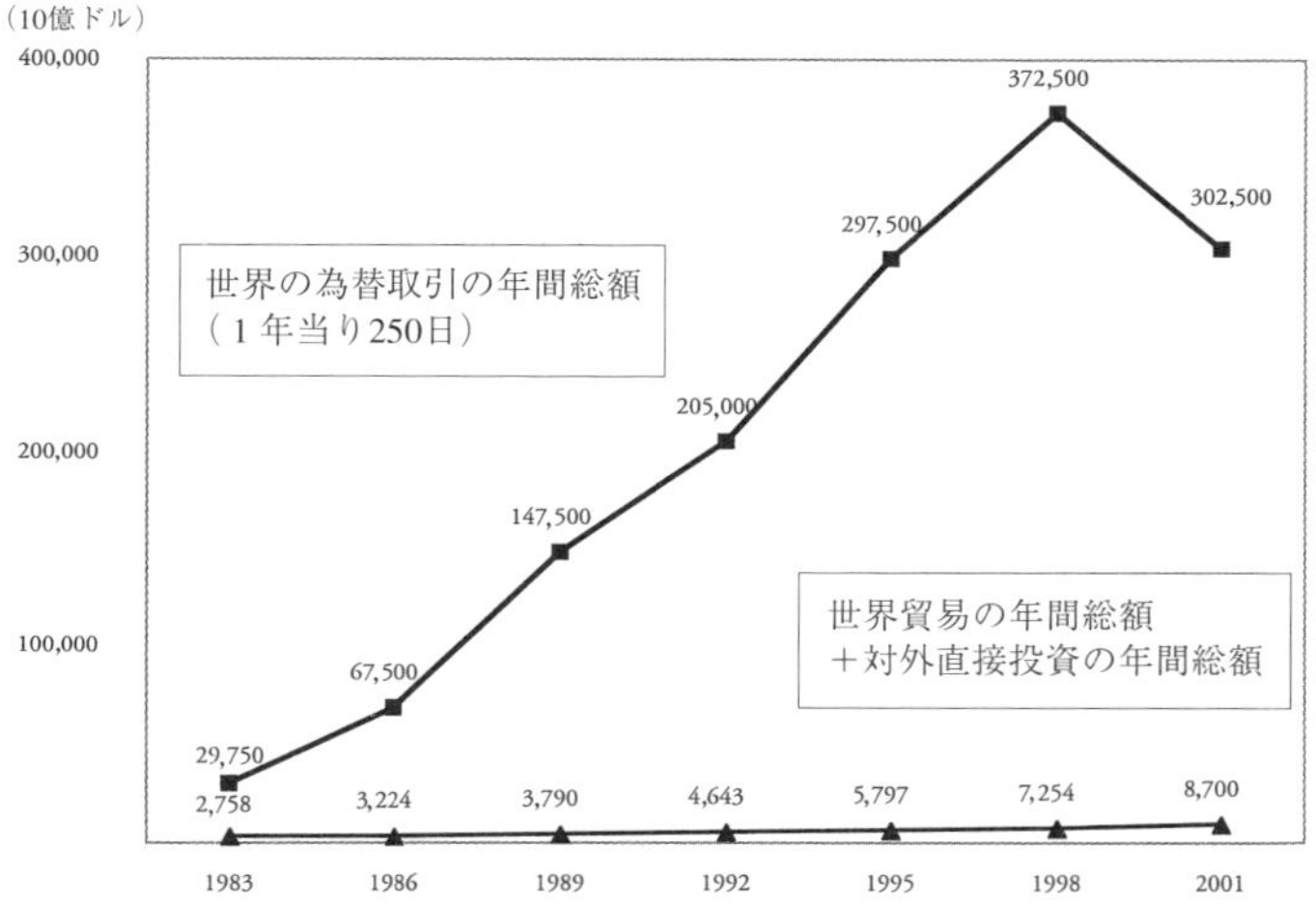

資料：BIS, WTO, UNCTAD
注：国際投資は2001年に10億ドル単位で1,100［すなわち１兆1000億ドル］と推定されている。

ば、資本の流出を減少させることで、ある国が成長を維持することを望むときに、不安定化要因となる資本流出を招かずに、その国の利子率を引き下げることが可能になるだろう。

　ということは、国際的規模における金融資本の過度の可動性が、まさに問題の根源にあるのである。J・トービンにとってみれば、それは五〇年代以降の国際通貨システムにおける最も重要な出来事である。これは、ケインズが激しく非難する金融市場の過剰流動性に相当するものである。その大きさは、図1によって測り知ることができる。

　一九七〇年には、為替市場の年間取引総額は、貿易と国際投資の総額の約二倍に相当していた。それ以後、為替市場の爆発的拡大が見られたが、貿易と国際投資の同規模の発展は伴わなかった。為替市場の総額は、一九九八年には、貿易と国際投資の総額の約五〇倍、二〇〇一年には約三五倍に相当している。明らかに、過剰流動性を物語り、現実経済との関連の切断を物語る、為替市場の肥大が存在する。そのことはどのように説明したらよいだろうか？　為替市場は自由化されればされるほど、効率的ではなくなっている、という具合にすべては進んでいる。貿易および国際投資の取引を実現するには、ますます多くの為替取引が必要となっている。こうした取引の膨張の根源には、為替リスクに対する防御の必要性と、そこから利益を引き出そうとする投機的意志とが見いだされる。

ケインズ同様、J・トービンにとってみれば、この為替市場の爆発的拡大は、取引費用の低下によって説明される。金融市場は、メカニックな意味においては、信じがたいほど効率的になった。「通信は急速であり、価格は全世界で即座に一致したものになり、信用取引によって市場参加者は自分の意志と気まぐれのままに任せて短期や長期のポジションをとることが可能になる」（J. Tobin, 1978, ［p.157］前掲仏訳、p.39）。

こういうわけで、J・トービンは、「さまざまな諸国の市場における短期金利の間に楔を打ち込むために、強力な措置が必要である」（1972, ［p.89］前掲仏訳、p.24）と考えるのである。彼の好みに合うような、真の解決策は、単一の世界通貨の創出である、と彼は明言する。しかし、彼はそれを退ける。それは、彼には実現可能だとは思われないからである。単一世界通貨ということになれば、世界的な経済政策を実施する世界的な機関によって管理されなければなるまい。この反論は、今なお妥当だとわれわれには思われる。唯一の超大国である米国が地球を支配している現在の状況において、だれが世界的な経済政策を決定することになるだろうか？　ドルのますます強い支配を拠り所とする、米国の連邦準備制度であろうか？　それとも、「世界執政府」において、米国、日本、ＥＵが単一の経済政策を決定し、その実施に不可欠な共通の金融および財政上の規律を受け入れる、というようなものを想像できるだろうか？　いずれの見通しもはるかにほど遠いものと思われ、Ｊ・トービンに別な解決策のほうが良いと思わせることになる。[13]それは、金融市場の統合へ向かう現在の傾向を逆転させることにある。「……それぞれの中央銀行および政府に、自分たちの経済制度および固有の目的に適合した政策におけるより大きな自律性を許すような、諸国もしくは諸通貨圏の間での経済のより大いなる分断へ」（1978，［p.154］仏訳、p.32）向かうことによって、である。世界経済を少々分断するために、資本の可動性に対して意識的に障害をおくというのは、彼が呼ぶところでは「油をさしすぎた国際金融の歯車に少々の砂粒を撒く」（1978，［p.154］仏訳、p.32）ことである。

為替相場の過度のボラティリティ（変動性）を縮減することが、この税の第二の目的であるように思われる。なぜなら、こうした過度のボラティリティは、諸国の人々や、貿易および国際投資にとって有害だからである。[14]Ｊ・トービンがブレトンウッズと固定為替相場制への復帰に賛成しているというわけではない。変動為替相場制は、彼にとって進歩であり、常に彼の賛意を得ていた。というのも、固定為替相場は、あまりにもたやすく投機にとっての餌食になり、通貨の自律性を無に帰し、あまりにも大きな経済的および社会的犠牲を強いるからである。しかし、だからといって彼は、為替相場を決定する役目を、完全に市場の思うままに任せるという考えには賛成ではない。なぜなら、それ自身に任された為替市場というのは、必ずや成り行きに流されていくものだからである。為替市場について次のように言明するとき、彼は再びケインズの着想を共有している。「……他の金融手段の市場と同様、将来価格についての投機が参加者の支配的な関心である」（1978,［p.157］前掲仏訳、pp.39-40）。しかるに、将来価格の予想の拠り所とすることができるような、議論の余地のない客観的なデータは存在しないので、美人コンテストに参加する新聞読者と同様に、「……市場は、他の参加者が考えるであろうことを言い当てることに賭ける参加者たちによって支配される」（1978,［p.158］前掲仏訳、p.40）のである。

■この税の原理

この税は、短期の為替相場のボラティリティを減少させることになるだろう。なぜなら、手早く得られる利益を追い求めている投機家の意欲をそぎ、各国の包括的な経済分析に基づく為替相場についての長期の予測を行なう者たちにより大きな重みを与えることになるからである。言ってみれば、この税は為替市場を「濾過する」ことを可能にすることになり、その時間的視野を短期から長期のほうへ押し戻して、為替相場が投機家たちの「気まぐれ」ではなく、経済の構造的趨勢をより良く反映するようになることを可能にするだろう。

そのことは、あとで補完することになるが、非常に単純な手法に基づいた数値例を用いて理解することができる。ユーロを売ってドルを買い、同じ日に逆の取引をもう一度するような、ある為替市場への参加者を考えてみる。彼は、自分が買ったよりも高い値でドルを転売することに成功し、

表1　往復の頻度に応じた，税の年間コスト（%）

税率（%）	往復（%）	1日	1週間	1か月	3か月	6か月	1年
0.01	0.02	5	1.0	0.2	0.08	0.04	0.02
0.05	0.1	25	5.2	1.2	0.4	0.2	0.1
0.1	0.2	50	10.4	2.4	0.8	0.4	0.2
0.15	0.3	75	15.6	3.6	1.2	0.6	0.3
0.2	0.4	100	20.8	4.8	1.6	0.8	0.4
0.25	0.5	125	26.0	6.0	2.0	1.0	0.5
0.5	1.0	250	52.0	12	4.0	2.0	1.0
1.0	2.0	500	104.0	24	8.0	4.0	2.0

注：1年は250日，52週間，12か月との仮定を用いている。

引き換えに以前持っていたよりも多くのユーロを手に入れる。こうして彼は、行き帰りの往復のたびに為替差益をあげる。いま、彼が一方の通貨を他方に転換するたびごとに、税金を支払わなければならないと仮定しよう。往復のたびごとに、彼はその税額を二回支払うことになるだろう。行きに一回、帰りに一回である。一日につき一往復させ、一年につき二五〇営業日とすれば[15]、税額の二倍に二五〇をかければ、税金の年間コストを推計できるだろう。一週間につき一往復させるとすれば、税額の二倍かける五二となる。また、一ヵ月につき一往復させるとすれば、税額の二倍かける一二となる、等々という具合である。一年につき一往復しかしないとすれば、彼は税額の二倍しか支払わないだろう。この結果は、〇・〇一%から一%までの間で変化する税水準について、表1に示されている。

〇・一％の税という例をとってみよう。行き帰りの一往復は、〇・二％のコストがかかる。それが毎日行なわれるとすれば、〇・二％の二五〇倍、すなわち五〇％の年間コストがかかることになるだろう。それに比較して、三ヵ月ごとの一往復ならば、一年につき〇・八％の税金コストがかかるだろう。国際貿易に参加して、自社の輸出に対する支払として三ヵ月後に外貨を受け取ることになっている、もしくは、輸入品の請求書を三ヵ月後に決済しなければならない、という企業は、この後者の場合に含まれる。年の初めに外国に投資し、年の終わりに利益を本国に送金する企業であれば、年間〇・二％の税を支払うことになろう。これくらいわずかな課税額は、これらの取引が行なわれることを妨げるほどの悪影響を与える性質のものではない。それゆえ、生産的な経済は不利益を被らない。それに反して、非常に頻繁な取引は、たびたび税を支払うことになるのであり、それらの量は減少するであろう。しかるに、ＢＩＳの推計するところでは、二〇〇一年において、為替取引の七五・五％が最大一週間までの期間のものであり、三二％は二日の期間のものである。それゆえ、この税は為替市場の核心に照準を合わせるものである。

■税はいかにして、誰によって支払われるのか？

それを理解するためには、為替相場はいかにして決まるのかを、はっきりさせておかなければならない。国外に出かけたことのある人ならだれもが、両替所には単一価格ではなく、二つの価格があることに気づいただろう。すなわち、買い価格と売り価格である。あるフランス人が、イギリスに行きたいのでユーロを売ってポンドを買いたいと思えば、彼は、売り価格、つまり、両替所がポンドを彼に売る価格に向きあうことになるだろう。彼がフランスに戻ってきて、残っているポンドを売りたいと思うときには、彼は、買い価格、つまり、ポンドを彼から買い取る価格に向きあう。買い価格はいつも売り価格を下回っており、そのため顧客はいつも損をして、両替所が得をする。後者は、最初もっと高く売ったものを、もっと安く買い戻すのである。売り価格と買い価格との間のこの差が、両替所の利益を表わす。それは、取引費用と呼ばれる取引の技術的経費（人件費、設備費、等々）ばかりでなく、両替所がとったリスクをもカバーするのである。休暇を過ごす人がイギリスに滞在している間に、ポンドがユーロに対して大きく値を上下する*ということが起こりうるが、このことは両替所にとって損失を引き起こすかもしれない。このリスクに対して備えるために、両替所は、売り価格と買い価格との差をあらかじめ増やして、リスクプレミアムと呼ばれるものを織り込んでおき、これが顧客によって支払われる取引費用に加わることになる。個人によってなされるこれらの取引は、為替相場に影響を及ぼすことのない少額を対象とするものである。この理由により、こうした取引は、富裕資産の暮らし向きに相応する上限額を超えない限り、税を免除することが合理的である。

　これとは対照的に、為替の卸売市場は、非常に大きな額（平均一〇〇〇万ユーロ）を対象としており、為替相場の変動を決定するものである。大銀行だけが、自己勘定で、もしくは顧客である大企業の勘定で、参入する権利をもっている。この為替の卸売市場は、同じ基本原則に基づいて機能する（五六ページの図解を参照）。

　本質的な違いは、取引費用は価格差のごくわずかな部分を占めるだけで、リスクが主要な部分を占めるということである。それは多くの理由に起因する。金額が非常に高額であるばかりでなく、とりわけ、相場が秒単位で変化するということもある。あるフランス企業が円をその取引銀行に売るというとき、銀行は、円を転売する機会を得る前に円が値下がりしてしまうというリスクを冒すことになる。市場が非常に平穏であるときには、価格差は狭まる傾向をもつだろう。リスクはわずかだからである。市場は非常に流動的になる。二つの通貨の間で往復するのにさしたる費用はかからないので、取引量は増大し、買い価格は売り価格とほとんど等しくなる。これに反して、急激な上昇もしくは下落によって表面化する逼迫期には、価格差は拡大する。急速に値下がりするかもしれない通貨を保有するのは危険だからである。売り価格と買い価格との間の差が多大になるので、二つの通貨の間で往復するのは費用がかさむようになる。取引量は減少する。

税金が介在するのは、このような仕方においてである。税金は取引費用とリスクプレミアムとに付け加わり、それに伴って売り価格と買い価格との間の差を拡大する一助となる。頻繁に二つの通貨の間で往復の取引をするのはより費用がかさむことになり、そのために、ごく短期の取引量は減少するであろうが、頻度が最小であるような現実経済に直接関連した取引は、あまり影響を受けないということになるであろう。

これは正当なことであろうか？　最大一週間までを期間とする七六％の取引は、減らそうとすることに正当性がある投機的取引であると、断言できるだろうか？

これらの問いに答えるためには、投機が具体的にどのようにして行なわれるのかを説明する必要がある。しかるに、金融のグローバル化とともに、通常ならば投機的ではない取引と、あからさまな投機との間の境界線は、ますます曖昧になっている。

前に見たように、投機を行なうということは、より高値で転売するのを期待して買うこと、もしくは、後でより低い値で買い戻すのを期待して売ることである。この取引はけっして確実ではない。価格の推移における読み間違いをしてはならないのである。投機を行なうということは、そこから利益を引き出すことを期待して、意識的にリスクを引き受けることでもある。それゆえに、銀行のような大金融機関は、投機を行なっているということを認めたがらない。そこに貯蓄を預けている顧客たちの幾ばくかが、そのことで逃げ腰になるかもしれないからである。これらの大金融機関は、もっとずっと表に出しやすい他のタイプの取引、すなわちカバー取引や裁定取引を、前面に出すことを好む。表向きはこれらの取引は投機的なものではなく、その有益な性質を褒めそやすことで、それらに害をもたらす通貨取引税はいっそう批判されるところとなっている。この税が投機に作用する仕方を詳細に検討する前に、その点についての事情を具体的に見ておこう。

1．カバー取引とは、リスクに対する防御の取引であり、ここでの場合、リスクとは為替リスクである。あるフランス企業が外国の顧客からドルを受け取ることになっていて、その間におけるドルの値下がりを懼れていると仮定しよう。自分の身をカバーするために、その企業は前もって取引先の銀行に対し、両者に都合の良い価格で、そのドルを売っておく。

これらのカバー取引は費用がかかるものであり、そのためその利用は非常に大きな企業に限られ、中小企業を排除するものになっている[16]。そのうえ、非常に大きな企業でさえ、その為替取引の全部ではなく一部だけしかカバーしない。最後に、慎重な構えをとるよりも、いかなる理由であれ為替相場の上昇もしくは下落という特定方向の動きを予想させるものがあれば、それらの大企業はカバーの度合いを減少させることで投機的な取引に乗り出すことをためらいはしない。これは欧州議会の研究が以下のようにそれと認めるところである。「金融機関のみならず、いかなる企業であれ、利益を増やすため、為替に関する短期の投機に手を出すことがありうるものである。為替市場における日々の取引が、リスク分散の取引なのか、純粋な投機なのかは、企業の財務部だけが知っている[17]」。投機に参加する大企業が、通貨取引税を支払うというのは、部分的なことでしかなく、不自然なことではない。

これらのカバー取引に対して、税の影響はいかなるものになるであろうか？

再び、あらかじめドルを取引銀行に売る企業の例をとってみよう。銀行が、外国の供給者に支払うためにそのドルを必要としている顧客を有しているならば、銀行は買ったばかりのドルを直ちにその顧客に転売できるであろう。しかし、物事がそれほど単純であるのは、稀なことである。銀行の顧客たちは、すぐにはそのドルを必要としないかもしれないし、同じ額だけは必要としないかもしれない。それゆえ、一般的な場合としては、銀行は手元にドルを保有することになり、今度はその銀行がドルの値下がりリスクにさらされる番になるだろう。自分の身をカバーするために、銀行はそのドルを一定金額ごとの単位で、同じことをする他の諸銀行に転売し、最終的な顧客（企業、保険会社、投資基金、等々）が、あるときはそれを必要とするがゆえに、またあるときはリスクを引き受けて投機を行ないたいと欲するがゆえに、そのドルを保有することを引き受けるに至るまで続くであろう。ある企業によって開始されて取引銀行に出された為替の注文は、それぞれ、およそ四つの連続した為替取引を生み出すのであり、つまり全部で五つの取引となる、と見積もられる。これは「ホット・ポテト」の原理〔厄介ごとを順送りにしていくこと〕と呼ばれるものである。それにより、現在の為替市場の作用の枠内で、リスクを分割しながら移転することが可能となる。通貨取引税はこの原理を槍玉に上げることになるであろうか？　否。この税は取引費用に組み込まれるのであるから、連続した取引連鎖の全体を通じて支払われるであろう。しかし、付加価値税［ＶＡＴ］ともいささか似たように、中間の取引を行なう諸銀行は税金を転嫁しあうこととなり、税を支払うのは、主として小売市場における企業やさまざまな投資基金となるであろう。というのも、最終的な顧客としては、税を他のだれかに転嫁することはできないからである。〇・五％の税の全部が顧客によって支払われるという、極端な例をとってみよう。銀行がドルを買う価格が一ドル＝一・一四〇〇ユーロ（買い価格）であるとすれば、銀行は顧客に売り渡すユーロ金額を一ドルにつき一・一四〇〇×〇・五％＝〇・〇〇五七ユーロだけ減らすであろう。具体的には、銀行が顧客に提供するのは、一ドルにつき一・一四〇〇ユーロではなく、一・一三四三ユーロである。顧客が一〇〇万ドルを売るとすれば、引き換えに手に入れるのは、一一四万ユーロではなく、一一三万四三〇〇ユーロであり、つまりは五七〇〇ユーロ少ない。

それに対して、仲買商の役割をする銀行（たとえば、取引の連鎖における第二または第三のもの）は、為替市場に流動性を供給し、リスクの分割を可能にしているが、税によって全く、もしくは少ししか、影響を受けないであろう。しかし、銀行が自分自身の勘定で、貿易や国際投資によって生み出されたのではない為替取引を行なうとすれば、そのときはその銀行が税を全額支払わなければならないであろう。投機的な取引と、経済活動に結びついた取引との間での、税の濾過作用が再び見いだされるのである。

批判者たちが強調するのは、銀行には税を転嫁することを許しながら、最終的な結果は、連鎖の末端に位置する企業にとってのカバーの費用を増加させることになる、ということであろう。投機に課税しようとしながら、企業に課税することになり、企業は消費者に払わせる価格を引き上げることで対応することになる、というのである。これは、この税の反対者たちが始終その美質を褒めそやしている、価格による競争というものが、最終消費者への税の影響を限られたものにするはずだということを忘れているものである。しかし、この批判がとりわけ忘れているのは、通貨取引税は為替相場の不安定性を減少させることでリスクを減少させ、またそれゆえ、カバーの必要性と費用をも減少させることになるということである。消費者に一番高くつくのはどちらだろうか？　現行の為替相場の不安定性とそれがもたらすカバーの費用が消費者の払いにつけられることだろうか、それとも、為替相場を安定化し、カバーの必要性とそれゆえその費用を減少させることになる税だろうか？

最後に、カバー取引は、わずかなものである。

図1によれば、一九九八年における世界貿易と国際投資の額（七兆二五四〇億ドル）は、為替市場（三七二兆五〇〇〇億ドル）の二％よりやや少ない額に当たる。そこから推定できるのは、貿易および世界投資に参加する諸企業の為替注文が、為替取引の五×二％＝一〇％を生み出していると

いうことである。それゆえ、存続期間が一週間以内である七六％の取引のうち、六六％が貿易および国際投資には直接関係せず、純粋に金融的な性質のものである、と結論付けることができる。それらは、他の二つのタイプの為替取引、すなわち通貨に関する裁定と投機に相当する。税によってなによりもまず影響を受けるのは、それらの取引である。

2．裁定とはいかなるものだろうか？　理論的に言えば、それは、たとえば二通貨間での唯一つの為替相場や、あるいは二国間での唯一つの金利といった、単一の価格を確立することを目指す取引である。通常であれば、競争のおかげで、それぞれの市場には単一の価格が存在する。もしも各国の金融市場が世界的な次元で単一の市場を形成するほど完全に統合されていたとすれば、取引されるそれぞれの証券や通貨には、単一の世界価格があることになるところだろう。おおいに幸いなことに、金融的グローバル化は、その前進にもかかわらず、それほどまで推し進められた統合には至っておらず、地球上のある地点と他の地点とでは価格の相違が存続している。裁定取引とは、為替相場に関してでも、もしくはいかなる金融証券の価格に関してでも、地理的性質のものであれ時間的性質のものであれ、まさしくその一時的相違を利用することにある。いくつかの為替相場の間の地理的裁定に関する、最も単純な例をとろう。二〇〇一年一一月一二日、東京市場において九時五七分に、一ドルが一・一一九三二ユーロの値をつけていると仮定しよう。もしも、同じ時にパリではドルが一・一一九〇〇ユーロの値をつけているとすれば、パリでドルを買うのと引換えにユーロを売り、このドルを東京でより高く売ってより多くのユーロを手に入れることによって、利益をあげることができる。価格差が存在し続けている限りは、この収益のあがる取引を繰り返すことができる。いかなるリスクも冒すことにならないが、すばやくやらなければならない。というのも、金融取引を行なう者たちがパリでユーロを売ってドルを買うのにつれて、次第にドルのユーロに対する価格は上昇していくからである。それが東京と同じ水準に達すると、利益の機会は消滅してしまう。金融規制緩和の支持者たちに言わせれば、為替相場はどこでも同じになり、これらの通貨を使う者はだれも、より高い価格を支払うことで差別されることはなくなるだろうから、これは良いことである。こうした裁定取引は、一〇〇〇分の一、もしくは一万分の一の単位での価格差がコンピューターによって自動的に検出されると、ただちに利益があがるものになる。〇・〇一%という非常にわずかなものでも税金を導入すると、為替市場はその役割を効率的に果たすことが妨げられることになろう。

第一の面は、裁定と投機との境界線はそれほど明瞭ではない、ということにかかわっている。H・ブルギナが言うように[18]、「……一方の、原則的にリスクを排除することになる裁定（…中略…）、他方の、本質としてリスクを伴うことになる投機、という両者の間の隔たりは、いささかはっきりしなくなる傾向がある。トレーディングルームでトレーダーが働いているところを見ただけで、裁定がリスクを排除しないことがわかるには十分である」。実務家のいうところを引けばこうだ――裁定取引者は「自分のスクリーンを辛抱強く監視し、精妙なシステムと照合して、必要な相関関係、相場の瞬間を待つ。……そして、それらの当然の帰結は、すなわち、リスクなき利益の見込みだ……が、しかし、こうした恩寵の瞬間が来るには、多くの努力を必要とする。それには、取引実行者がさまざまな市場および手段の深い知識をもっていることを要する……。あるポジションを解消するまでに長いことそのポジションを〝抱える〟ことも、しばしば彼には必要となる」（強調は引用者）。「ポジションを抱える」という表現は、わかりやすい言葉でいうとどういう意味だろうか？　ただ単に、転売できるまで、時には数分間もしくは数時間、ドルや円やユーロを余分に保持する――その間はたとえばドルの入金が出金よりも多額である――ということである。このことは、リスクのない……ということに理論上なるはずの取引を行なうために、結局は自発的に為替リスクに身をさらすことに帰着する。裁定と投機との間の境目は、きれいに消滅していることになる。

　第二の面は、裁定は取り除かれるのではなく減少するのであって、通貨間の為替相場の完全な均等化まではもたらさないことになる、ということである。一例を挙げよう。二つの通貨の間での往復に〇・二%の費用（〇・一%の税に対応するもの）がかかるとして、ある裁定取引業者がパリとロンドンとの間でユーロの対ドル相場に〇・一五%の価格差を見いだすとすれば、裁定は収益のあがるものではないので生じないであろう。ロンドンとパリとの間の相場の違いが〇・二%を超えた場合にしか、裁定は収益のあがるものにはならないだろう。これは問題のあることだろうか？　否。ブレトンウッズ体制の時期（一九四五〜一九七一年）には、資本および為替の規制のせいで、ある国と他の国では、一通貨の価格に相当な違いが見られるということがありえた。まさに、今日のような完全な裁定が不可能だったからである。しかしながら、この時期には、成長率は以後並ぶことのないほどの水準に達し、そして、完全雇用が達成されていた。金融のグローバル化とともに消え去った二つの特徴があったのである。

金利に関する裁定で締めくくることにしよう。これは、世界中での単一金利につながるため、国家の金融政策の自律性喪失に決定的役割を果たしているものである。金利がどこでも同一であれば、ある国から他の国へ資本を移動させる動機は存在しない。それに対して、米国における金利が六％であるのに対してＥＵでは四％だとすれば、投資家は、より高い（二％上回る）金利を利用するため、自分の資本をヨーロッパから引き揚げて米国に投資し、その後その資本をヨーロッパ本国に還流させることが利益となる。彼は自分の資本を増やしたということになるだろう。そのために、彼は自分が持つユーロを売って、ドルを買う。ユーロの価値はドルに対して減価し、ドルの価値は増大する。一ドルを買うのに次第に多くのユーロが必要となる。同時に、ヨーロッパでは資本の流出によって資金がより稀少になるので、金利が上昇する。ドルの価格が一％だけ増大し、ヨーロッパにおける金利もまた一％上昇するということが考えられる。すると再び、資本を移動させる動機はもはや存在しない状況に達するであろうが、その間に、ユーロの為替相場は減価し、金利は上昇したことになっていよう。いま一％の税を実施すると仮定しよう。ユーロとドルとの間での往復は二％の費用がかかることになり、このことは米国に資本を移動させることで得られる利益を完全に取り除くものである。ヨーロッパからの資本流出はなくなり、その結果としてユーロとドルとの間の為替相場は安定的なままに保たれることになろう。そして、金利は米国よりヨーロッパにいて二％低いままであろう。Ｊ・トービンが、金融政策にいくらかの自律性を取り戻すと呼ぶのはこのことである。というのも、金利を引き下げることで国民経済に梃子入れすることが可能になるからである。税により得られるこうした結果は、外国との競争から国内市場を保護できるようにする関税と同じように、各国金融市場に防壁を設けることを可能にするものである。

それゆえ、金利裁定の（消滅ではなく）減少は、望ましくない効果であるどころか、各国経済政策にとって裁量の余地を奪回するのに必要とされる、通貨取引税の明示的な目的なのである。

要するに、通貨取引税は、諸企業が為替リスクに対して自分の身を防護することを妨げることにはならず、まさにこのリスクを減少させることで、裁定を減少させはするだろうが、消滅させはしないであろう。この税は、銀行が流動性の供給者という機能を確実に果たすのを妨げることにはならないであろう。しかも、投機は日常的な為替取引のさなかに存在するのであるから、通貨取引税が日々の取引量を減少させるというのは正当なことである。

だが、通貨取引税は、何よりも、投機それ自体に対する有効性のゆえに正当化されるものである。それはいかにしてか、いくつかの例を使って見てみよう。

■投機——それは自由主義的グローバル化への反対者たちによる発明か？

一般大衆にとってみれば、投機は金融市場の存在理由である。人が証券取引所に投資するのは、眠っている間に金持ちになるためだ！

全くそうではない、と金融の専門家たちは返答する。金融市場はもっとずっと高尚な役目を果たしているのだ。すなわち、金融市場は、将来を先取りすること、イノベーションを組み込んだ投資計画の資金を賄うこと、貯蓄をリスクから防衛するために分散しつつそれにより高い価値を与えること、年金の資金を賄うこと、あらゆる種類のリスクから企業を防衛すること、同一の証券や通貨ごとに世界中での単一価格を確保すること、などを可能にしているのだ。投機は周辺的な活動にすぎず、必要悪だが有用なものだ。いずれにせよ、投機は危険なものではなく、それどころか、投機は市場を安定化することを可能にする。金融危機は、不適切な規制によって、間違った情報を与えられ、間違った方向づけをされた、軽率な投資家たちのせいで生ずる偶発事にすぎない。

このような投機の実在性と重大性の否認は、実際のところでは、いかなる企業、いかなる銀行、いかなる名声ある金融機関も、自社が投機を行なっているとは認めないという事実として具体的に現れる。いろいろな金融機関の財務報告書には、投機的利益の跡形もない。投機についての研究は、ＩＭＦや、世界銀行や、フランス銀行や、欧州中央銀行などには、ほとんど、もしくは全く、存在しない。それに対して、アジアにおける腐敗については、それら諸国が犠牲となった危機の深い理由はそこに見いだされるということを説明するために、数百もの報告書があるのが見つけられる。投機の痕跡を見いだすには、専門的な投機家たちが自身で言っていることを、聞き、読まなければならない。ソロスは、おそらく近年の最も有名な投機家だろうが、今日では引退しており、次のように公然と認めている数少ない者のうちの一人である。投機を行なうことが自分の職業だった、金融市場はけっして均衡しているということがないというただそれだけのことによって、そこで莫大な金額を儲けることができた（しかしまた損もした）、気まぐれが市場を楽観主義の行きすぎや途轍もない誤りに押しやっては、その後に手厳しい修正が続いて起こるのであるが、市場を出発点に戻しはしない[19]、と。

投機とはいかなるものか？

さまざまなタイプの投機がある。わずかな規模の投機取引が行なわれることもあり、これは日常的なものと呼べようが、一日の間、もしくはある一日から次の日にわたる為替相場に影響するものである。一般的にはその効果は為替相場に対してわずかしか及ばない。投機が数週間にわたって組織だって行なわれ、より多大な為替相場の変動を狙うときには、より大きな重要性を帯びる。最後に、示し合わせての大規模な攻撃が、ある国のマクロ経済上の困難に付け加わって、通貨価値の崩落を引き起こすこともある。いくつかの例を挙げよう。

■インターネット経由のささやかな通貨投機

為替投機は存在しない、と言われる。しかしながら、インターネットで検索エンジンを使って「為替投機」という単純な数語を入力するだけで、あり余るほどではないが少々資産のある個人もしくは企業と、大銀行しか参加しない為替の卸売市場との間で、仲買商の役目を務めようと買って出ている企業のサイトを見つけるには十分である（五六ページの図解を参照）。これらの仲買商によって、インターネットを経由して外国為替についての投機を行なうことが可能となる。米国でも、フランスでも、こうしたインターネット・サイトは一九九〇年代に増加した。二〇〇一年四月の暴落まで証券取引所の相場が高騰していくのが見られたときである。宣伝にならないよう名を挙げないが、たとえば、あるサイトは、ユーロ、円、ポンド、スイス・フラン、タイ・バーツ、シンガポール・ドル、等々についての投機を行なうことを提案している。投機を行なうには、五〇〇〇米ドル（約五七四七ユーロ）の当初預託金を預けなければならないが、この会社は、もっと「快適」な一万五〇〇〇米ドル（一万七二四一ユーロ）の預託金を推奨している。この預託金で何ができるのか？　一〇万米ドルという額の契約を獲得することができるのである。「たった」一万五〇〇〇米ドルの預託金しか払い込んでいないのだから、どうしてそのようなことが可能なのだろうか？　ただ単に、現代金融の離れ業のうちの一つをもってすれば、その額のうちの少しの部分、すなわち「証拠金」*と名づけられている一種の保証預託金を払い込むだけで、高額の契約を獲得することが可能になるから、というだけのことである。一〇万米ドルに相当する契約を獲得するには、二二〇〇ドルの証拠金を払い込むだけで十分である。その人がユーロの為替相場はドルに対して上昇するだろうと思うのであれば、この一〇万ドルの契約は、次にユーロに転換される。ユーロの為替相場上昇の前にドルをユーロに転換し、その後ひとたび上昇が起こったら、ユーロをドルに再転換するのである。すると前よりも多くのドルを所持することになる。投機のリスクを管理するために、「注文限度」もしくは「損失限度」と呼ばれる行動ルールが定められる。たとえば、ある人がドルに対するユーロ高を予測しているので、一米ドル＝一・一四九四ユーロ（すなわち一ユーロ＝〇・八七〇〇ドル）のレートで、一〇万米ドルをユーロに転換するとして、一米ドル＝一・一〇九四ユーロ（すなわち一ユーロ＝〇・九〇一三ドル）という目標を定める。為替相場がこの値に達したらただちに（次ページの図解を見よ）、ユーロを売り戻してドルを再び買う。ユーロが上昇し続けて

米ドル／ユーロ市場における注文限度の例

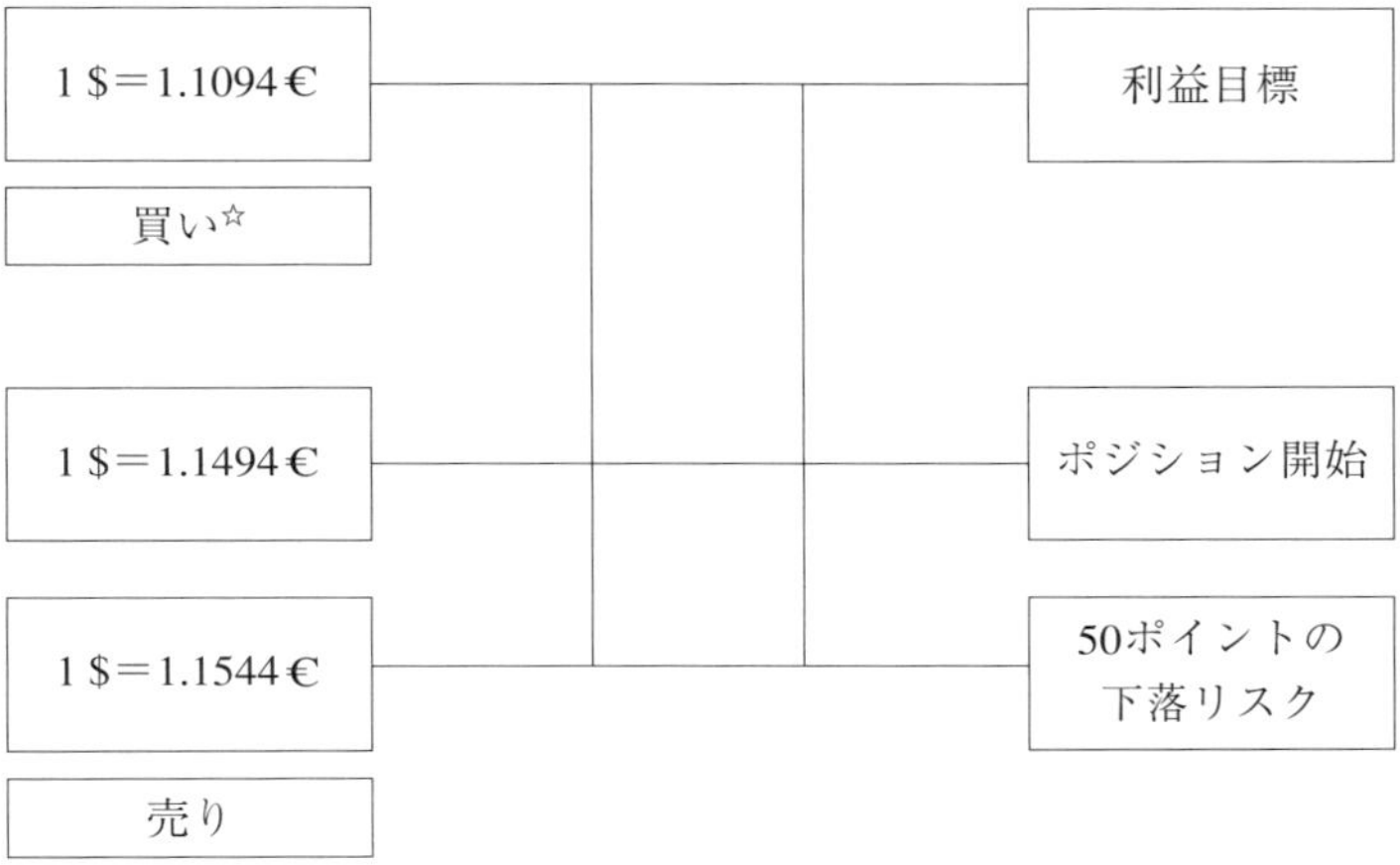

☆（訳注）本文の記述によれば，「買い」ではなくユーロの「売り」である。

いるとしても、である。もしかするとさらに有利なレートを諦めることになるかもしれないが、投機的利益の目標実現を確定するのである。もしも見込み違いであって、ユーロがドルに対して値下がりすれば、損失を最小にするために、限度を定めなければならない。マネージャーたちの実務では、リスクとゲインのルールを、「一〜三」つまり一％の損失リスクに対して三％の利得というように、定めることである。他方、価格変動は「ベーシスポイント」で計算するのが通例となっている（一〇〇ベーシスポイント＝一％、すなわち〇・〇一）。その結果、潜在的な利益が四〇〇ベーシスポイント（一・一四九四マイナス一・一〇九四＝〇・〇四）だとすれば、引き受けられる最大のリスクは一〇〇ベーシスポイントだということになる。損失リスクをもっと限定するには、五〇ベーシスポイント

（〇・〇〇五）といった、より厳しい限度を定めることもできる。具体的には、ユーロの為替相場が、一ドル＝一・一五四四（一・一四九四＋〇・〇〇五）ユーロに下落したら、そのときはユーロを売り戻してドルを買うのである。ベーシスポイント当りの金額が一〇米ドルだとして、ユーロ高の予測が正しければ、利益は四〇〇ポイント×一〇ドル＝四〇〇〇ドルということになろう。

逆に、もしもユーロが値下がりすれば、損失は、マイナス五〇×一〇ドル＝マイナス五〇〇ドルである。当初の預託金一万五〇〇〇ドルに対して、利益率は四〇〇〇／一万五〇〇〇＝二六・六七％*、損失率はマイナス五〇〇／一万五〇〇〇＝三・三三％*である。投機は正しく予見すれば非常に儲かるが、損失リスクは限られている、ただし現実のものだ、ということがわかろう。そういうわけで、このタイプの投機が、インターネット上に見いだされる金融仲介業者たちによって一貫して推奨されているのである。理論的には、このタイプの投機は、安定促進的なものだということになるはずである。なるほど、市場が上昇傾向にあるならば、一ドル＝一・一〇九四ユーロというレートでユーロを売るという注文は、理論的にはユーロの上昇を抑えるはずであり、ということは、ユーロ／ドル市場の安定化の方向に向かうことになる。同様に、市場が下落に向かっており、一ドル＝一・一五四四ユーロという下限価格に達したときは、ユーロを売る投機家は、ユーロの低価格に興味を引かれた買い手を見つけるのであって、したがってユーロの為替相場は安定化することになる。しかし、この推論は、為替相場の小さな変動についてしか当てはまらない。

為替相場の変動があまりにも大きくなりすぎると、すぐにこのメカニズムはもう機能しなくなる。上昇が予測よりはるかに急速だとすれば、新たな予想外の要素が生じて、新たな情報が広まったばかりだということを意味しており、このことで投機家たちは以前の注文を取り消し、価格限度を見直して引き上げるようになる。[20] それゆえ、価格は上昇し続ける。逆に、市場が予測より激しく下落すると、大多数が下限価格に達してしまうので、次々と雪崩を打ったような売りが現れ、これは、一見してただちにそれ自身では出口の見つからない下降スパイラルを始動させることとなる。売り注文がユーロの下落を加速し、あらゆる参加者がその予測を修正するように仕向ける。ユーロが下落していくにつれて、売り手はますます多くなり、買い手はますます少なくなる。言い換えれば、市場の流動性は、それがより必要とされるその時に消え失せるのである。買い手がいないため、売るのがますます難しくなるからである。流動性は、いかなる変化も求めないことを正当化するような防止装置などでは全くのところないのである。

このタイプの安定破壊的な投機がインターネットを用いた「小さな」投機家たちにしか関係していないということだったなら、事態はさほど深刻にはならないであろう。彼らの影響力ならば限られているからだ。しかし、指値注文は、為替の卸売市場（次ページの図解を参照）で大銀行が用いる電子商取引システム――すなわち今日、為替取引の八五%から九五%を遂行しているシステム[21]――においてもまた幅を利かせているものである。この市場では、注文は非常に高額で、米国では平均一〇〇〇万ドルである。それで、市場の逼迫の時期には、注文限度の安定破壊的な力は効果を拡大するものとなる。G・ソロスは、そこに、金融危機の際に通貨の不安定化を加速するメカニズムの一つを見ている。[22] 要するに、投機が安定促進的な影響を及ぼすのが有益となるようなまさにその瞬間に、それは安定破壊的となるのである。

為替市場の構造

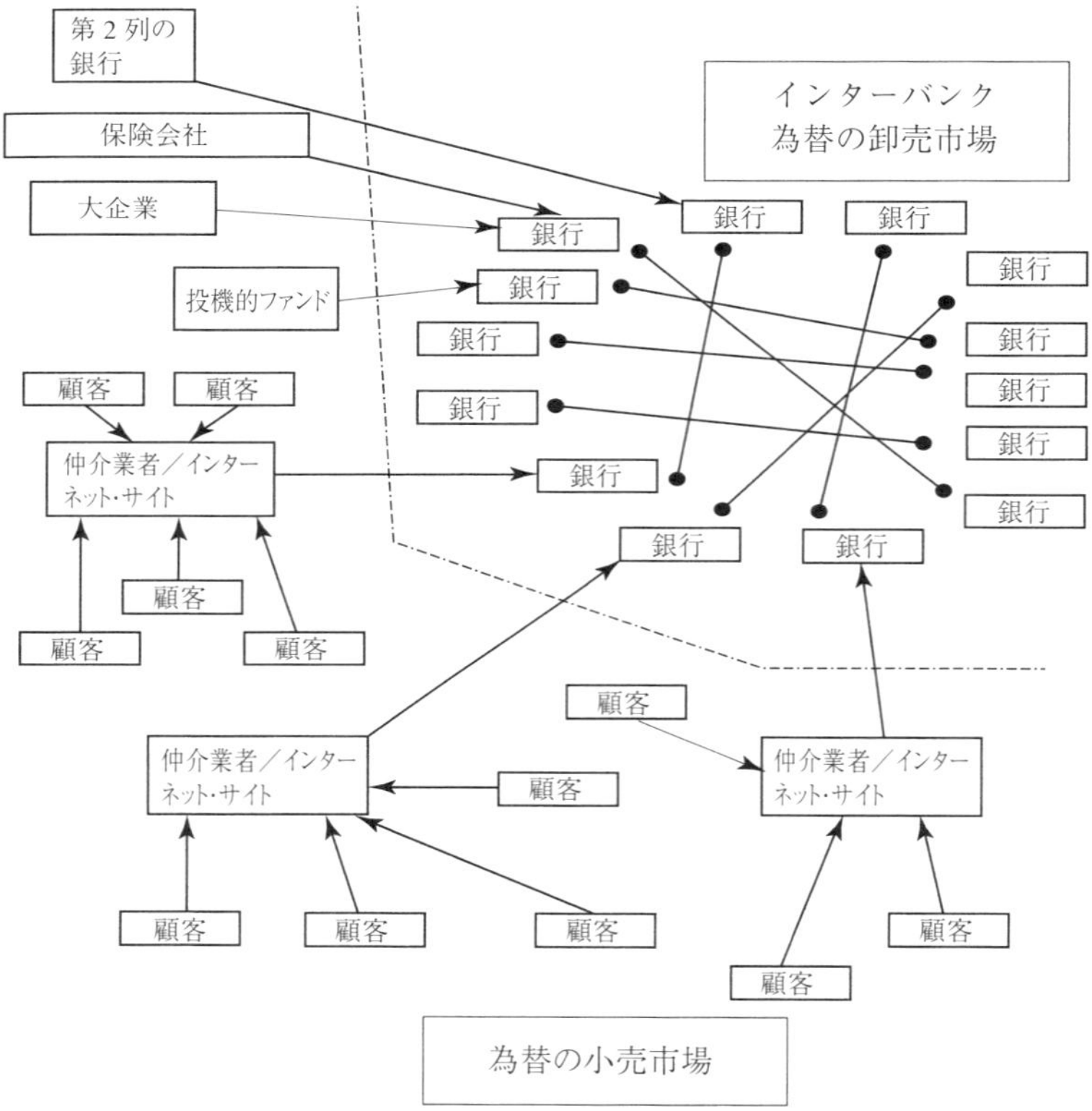

第２列の
銀行
保険会社
大企業
投機的ファンド
インターバンク
為替の卸売市場
銀行
銀行
銀行
銀行
銀行
銀行
銀行
銀行
銀行
銀行
銀行
銀行
銀行
銀行
顧客
顧客
仲介業者／インター
ネット・サイト
顧客
顧客
顧客
顧客
仲介業者／インター
ネット・サイト
顧客
顧客
顧客
顧客
仲介業者／インター
ネット・サイト
顧客
顧客
顧客
為替の小売市場

■大規模な投機的攻撃と危機

投機は、数日もしくは数週間のうちに一〇～五〇％という規模での重大な通貨価値の下落となって現れるとき、とりわけ一般大衆の目に見えるものとなる。そうした下落に伴う影響は、食糧品や、エネルギーなど必要不可欠な原料品を輸入に依存している諸国にとって劇的である。一九九四～九五年にメキシコ、一九九七～九八年に東アジア、一九九九年にロシアとブラジル、二〇〇一～二〇〇二年にトルコとアルゼンチンを襲った経済危機の勃発における投機と投機家たちの責任については、しばしば論議される。たしかに、投機はそれ単独でこうした危機の責任を負うものと見なすことはできないだろう。それらの危機の起源は、構造的困難の犠牲になり、自由貿易と金融資本の自由流出入の危険にさらされた諸国の、マクロ経済上の脆弱性に求めるべきである。しかし、投機は、唯一の犯人ではないとしても、金融危機の前か、あるいはその間に、確かに存在している。その理由は単純である。ある国に大きな困難が現れると、その通貨が減価することになるのは十中八九間違いないのであって、投機家たちはそこから利益を得るためのポジションを取るのである。そうする彼らが十分に多数であれば、まさしく通貨の下落を引き起こして利益を引き出すことができるのである。危機に先行したり、それを誘発したり、それに付随したり、それを悪化させたりする、こうした投機的攻撃は、数多くあるのだろうか、それとも稀なものなのだろうか？

世界銀行のエコノミストによれば、一九六〇年一月から一九九九年四月までの間に、三〇八もの数になる投機的攻撃があり、少なくとも一〇〇万の人口を有する高所得もしくは中所得の七五ヵ国がそれを被ったということになる。この三〇八の攻撃のうち、二〇三は失敗したのに対し、一〇五は一ヵ月以内に一〇％を超える為替相場の下落を引き起こして成功した[23]。この標本の中にはとりわけ、「欧州通貨制度」の分裂を引き起こした一九九二～九三年の欧州諸通貨に対する投機的攻撃、および、一九九七～九八年の危機に見舞われたアジアのすべての諸国が見いだされる。自国を防衛するため資本と為替の規制を課すことを決めたマレーシアだけが、唯一その例外をなしている。三九年間で三〇八のエピソードというのは、実際のところ一年につき八つの大きな投機的攻撃があって、うち三つが成功し、五つが失敗しているということである。失敗の数のほうが多いのだから、現に機能している経済のままで改革する必要はないと思われるかもしれない。その考えは、それらの投機的攻撃が、たとえ失敗するときでも、成長の低下、失業の増加、貧困の増加によって代償を払わせている、ということを忘れているものである。事実、ＩＭＦによって奨励された資本と為替の規制の放棄以降、諸国が自衛して通貨価値の下落を防止するために利用できる唯一の武器は、金利を引き上げることである。理論上は、国際的平均よりもはるかに高い国内金利は、外国資本を引き付けることができ、その国の通貨を強くするものである。そうした高金利は、その通貨を売って外貨を買うという目的でその通貨を借りるということを投機家たちに思いとどまらせることで、資本逃避を阻止するかもしれない。こうした状況では、金利は天文学的水準に達しうる。投機的攻撃の犠牲となったスウェーデン・クローナを防衛するために、スウェーデンの中央銀行は、一九九二年九月一七日と一八日に、金利を五〇〇％に引き上げた！　翌週、そのレートは、もっと普通の水準に再び下がるまで、五〇％前後で維持された。投機は阻止されて失敗したので、このケースはしばしば、防御メカニズムとしての金利引上げの有効性を支持する例として挙げられる。これは、経済がはるかに脆弱で、通貨制度がそれほど強くない南の諸国においては、金利の引上げが資本逃避と通貨の急速な減価を阻止するには至らない、ということを忘れているものである。その点は、一九九七年における東南アジアで観察しえたことである。三〇%という金利にもかかわらず、韓国は自国通貨に対する投機的攻撃、すなわちタイ・バーツを崩落させたばかりの攻撃を、食い止めることに成功しなかった。同じ無力さが、ラテンアメリカにおいて一九九九年に確認され、ここでは五〇%という金利にもかかわらず、ブラジル・レアルの下落が観察されている。しかし、金利の引上げが総じて投機を打ち負かすことができないという結果になるとしても[24]、それは消費・投資の崩落や連鎖倒産を引き起こし、これがしばしば失業手当や社会的保護が存在しない諸国での失業の爆発的増加として現れることになる。どうして、こんな無益で予見可能な犠牲が必要なのか？　ただ単に、内外の資本所有者が危機に陥った諸国を見捨てることができるように、そして時にはおまけに投機的利益を懐にすることができるように、神聖不可侵な資本逃避の自由を守るためなのである。

誰が投機を行なうのか？

あまりにもしばしば、投機家というのは、投機を専門とする一握りの投資家たちと同一視されている。この見方は単純化しているものである。なるほど、まさにヘッジファンド（裁定基金）という一群の専門的投機家たちが存在する。その中では、かつてG・ソロスに率いられた「クオンタム」

ファンドが最もメディアで知られるものであり、彼らがあげる目ざましい利益または損失のために注意を引いている。しかしながら、投機とそれ以外の金融活動との間に厳密な境界が存在しないのと同様に、専門的投機家とそれ以外の金融業ならびに非金融業の主体との間に完全な隔壁は存在しない。誰もがみな投機を行なう。銀行、ミューチュアル・ファンド[25]、年金基金（資金の限られた部分しか投機に当てることはないとしても）、保険会社、多国籍企業。こうした経済主体全体では、投機的ファンドよりもずっと多額の金融資産を手にしている。投機的ファンドは、往々にして、一九九二〜九三年に欧州通貨制度の分裂を引き起こしたそれのように、投機的攻撃を主導して行なうところにいる。しかし、彼らは、アジアの場合のように、他の経済主体によって開始された攻撃に参加するということもあり得る。同様に、投機を外国の陰謀と同一視することも間違いである。しばしば自国の投資家こそ、その国の通貨や金融資産に対して最初に投機をしかける者である。彼らは、報酬と引換えであれば、自国通貨に対して投機をしかけるために、同じだけのアクセス手段を持たない外国投機家にためらうことなく肩を貸すのである。投機の王国に、愛国心は存在しない！

投機的ファンドと金融業界全体との間では、金融的な繋がりが非常に緊密である。ミューチュアル・ファンド、銀行、保険会社、さらには、アングロ・サクソンの国であれば、大学などが、その資本の一部を投機的ファンドに委ねている。しかし、投機的ファンドが特権的な関係を保っているのは、とりわけ銀行との間においてである。投機的ファンドは、投機を行なうために自分たちが持っているよりも多くの資金を必要としており、銀行からたくさんの借入れをする。銀行はこのうまい抜け道を用いて投機に参加するが、それに加え、自分たちの自己勘定でも投機を行なう。ただし、またしても、投機とはもちろん言わず、自己勘定における活動という言い方がされるのであるが。(26)表向きには、顧客――この場合はすなわち投機的ファンド――への貸付を担当する銀行の部門と、裁定や投機に従事するトレーダーとの間には、「万里の長城」が存在する。この異なる両部門は、連絡を取る権利がない。というのも、投機的攻撃の初期段階では、投機的ファンドには秘密の保持が不可欠だからだ。しかし、しばしば、この城壁は事もなげに乗り越えられるのであり、銀行は投機的ファンドと同じポジションをそっと取ることができる。噂はすばやく広まる。というのも、こうしたポジションを取ったことは、とりわけ多大な金額に及ぶときには、遅かれ早かれ、金融市場で気づかれずにはすまないからである。準備中の投機的攻撃は、探知されるや否や、その規模を拡大する可能性が大いにある。というのも、次第に多くの経済主体がそれに参加する気をそそられていき、そのことが成功の可能性を高めることになるからである。

投機はいかにして行なわれるのか?

投機を行なうには、複雑さの度合いが大きいものであれ小さいものであれ、多くの可能なやり方が存在する。アジア諸国の場合、一九九七~九八年の危機の前に、一つの金融的回路の形成が見られた。この回路とは、金利が非常に低い米国および日本で資金を借り入れ、銀行や国(短期財務省証券[TB]、国債)や企業(社債)によってはるかに高い金利が支払われる東南アジア諸国に投資する、というものであった。報酬を手にした後では、資本はドルに再び転換され、本国の先進国へと送り返されるが、そこで借入れの返済をしても多額の利益が残るのであった。危機の前は、アジア諸通貨の為替相場はドルにリンクされていて、そのことでこの回路はほとんどリスクのないものになっていた。タイの場合、一九九二年から一九九七年九月までにわたる二〇・四半期間のうち、一八・四半期が利益のあがるものであった。[27] 投機的ファンドは、他のすべての経済主体と同様に、この回路に参加した。二つの前兆が現れ、徐々にこの小世界にも、こうした平穏な利益の時期が終わりを迎えつつあるということを納得させていった。一つには一九九六年七月におけるタイの大きな一銀行の破綻があり、これはタイの銀行システム危機を回避するために中央銀行がたくさんの流動性を注入することを余儀なくするものであった。もう一つには一九九七年一月に、タイの一九九六年に関する貿易収支の大きな赤字の発表があり、これは、成長の鈍化、企業にとっての利益の減少、国家にとっての税収の減少、そして中央銀行にとってのドル準備の低下を予測させるものであった。これらの情報すべてが、タイの通貨バーツ切下げの前兆として解釈された。外国およびタイの投資家たちは、期日の来た投資を本国に引き揚げ、貸付を更新しないことで、上述の回路を中断し始めた。

同時に、これらの投資家たちは皆、先物でバーツを売ることによる投機を開始した。この取引は、取り決められた期日(一五日、一ヵ月、等々)に、前もって定められた価格(たとえば、一ドル=三〇バーツ)でバーツを売ることを約束するというものであり、期日にはもっと安い価格(たとえば、一ドル=四〇バーツ)で直物のバーツを買うことができることに賭けるわけである。そうすると、バーツを取り決められた価格で再び売って、一ドルにつき一〇バーツの差額を手に入れることができる。このタイプの一方的な賭けに勝つのは難しくなかった。あの一九九七年初めのタイ経済の困難を目にすれば、バーツが上昇する公算はほぼゼロであり、切下げの公算はほとんど確実だった。ただ切下げの正確な期日だけが不確実であった。五月一四日と一五日に、大量の先物売りを用いて大規模な投機的攻撃が仕掛けられた。タイの中央銀行は、ドルを売ってバーツを買うことで、七月二日まで抵抗した。しかし、この日、中央銀行は、バーツをフロートさせることを決める。ドル準備が枯渇するところとなったからである。バーツはただちに不安を呼び起こすような割合で下落した。バーツに対して投機を仕掛けていた者たち皆が勝ったのであり、特に一〇%の利得を手に入れた投機的ファンドがそうであった。しかし、唯一彼らだけが、と言うにはほど遠い。推定では、投機的ファンドの先物売りは、一九九七年七月末の総額の二五%にしか相当していなかった。インドネシア、マレーシア、フィリピン、韓国でも、同様の状況である。外国の者であれ国内の者であれ、伝統的な投資家が、主要な投機家だったのである。

それほどの規模の投機的攻撃に対して、通貨取引税はどのような役に立つことになるのか？

〇・一%もしくはそれ以下の税では、今まで述べてきたような大きな投機的攻撃を阻止するには不十分であろう、ということは明らかである。この観点からすれば、ジェームズ・トービンの最初の提案は、現在の金融的グローバル化に適合したものになっていない。この税の支持者たちが、

「トービン税」を投機を抑制するのにより有効なものにするために進化させてきたのは、それゆえのことである。

J・トービンの当初の案からのこうした進化への決定的貢献は、一九九五年以降、ドイツの経済学者でIMFの元顧問、パウル・ベルント・シュパーンによって定式化されたものである[28]。

基本原理は単純である。すなわち、税の水準を投機の水準に合わせる、というものである。投機がわずかであり、為替相場の大きな変動を引き起こさない限りは、低い水準の税で十分である。為替相場の過度の変動をもたらす危険がある規模に達するや否や、「割増金」が適用されて税を禁止的水準に引き上げる。割増金もしくは付加税とは、状況が必要とするときに通常の税に加わる補足的な税である。

為替相場の変動は、前もって規定され公表された許容変動幅を超えるや否や、過度であると見なされる。この仕組みをよりよく理解するために、ユーロ創出の前、一九七九年から一九九九年まで存在していた、欧州通貨制度（EMS）を参考にすることができる。欧州連合の大部分の通貨は、EMSに参加している欧州諸通貨の「バスケット」であるECUの、上下二・二五％（すなわち合計四・五％）の許容変動幅の中で変動していた。各通貨とECUとの為替相場は、おのおのが達成しようと努めなければならない目標為替相場とみなすことができた。この許容変動幅は、一九九二〜一九九三年におけるEMSに対する投機的攻撃の成功の結果、上下一五％に拡大された。これは、体面を保ちながら、その消滅を承認する手段であった。というのも、為替相場が三〇％も変動しうるときに、安定性という言葉を使うことは難しいからである。このあまり輝かしくない結末にもか

ドルとユーロの間の変動幅の例

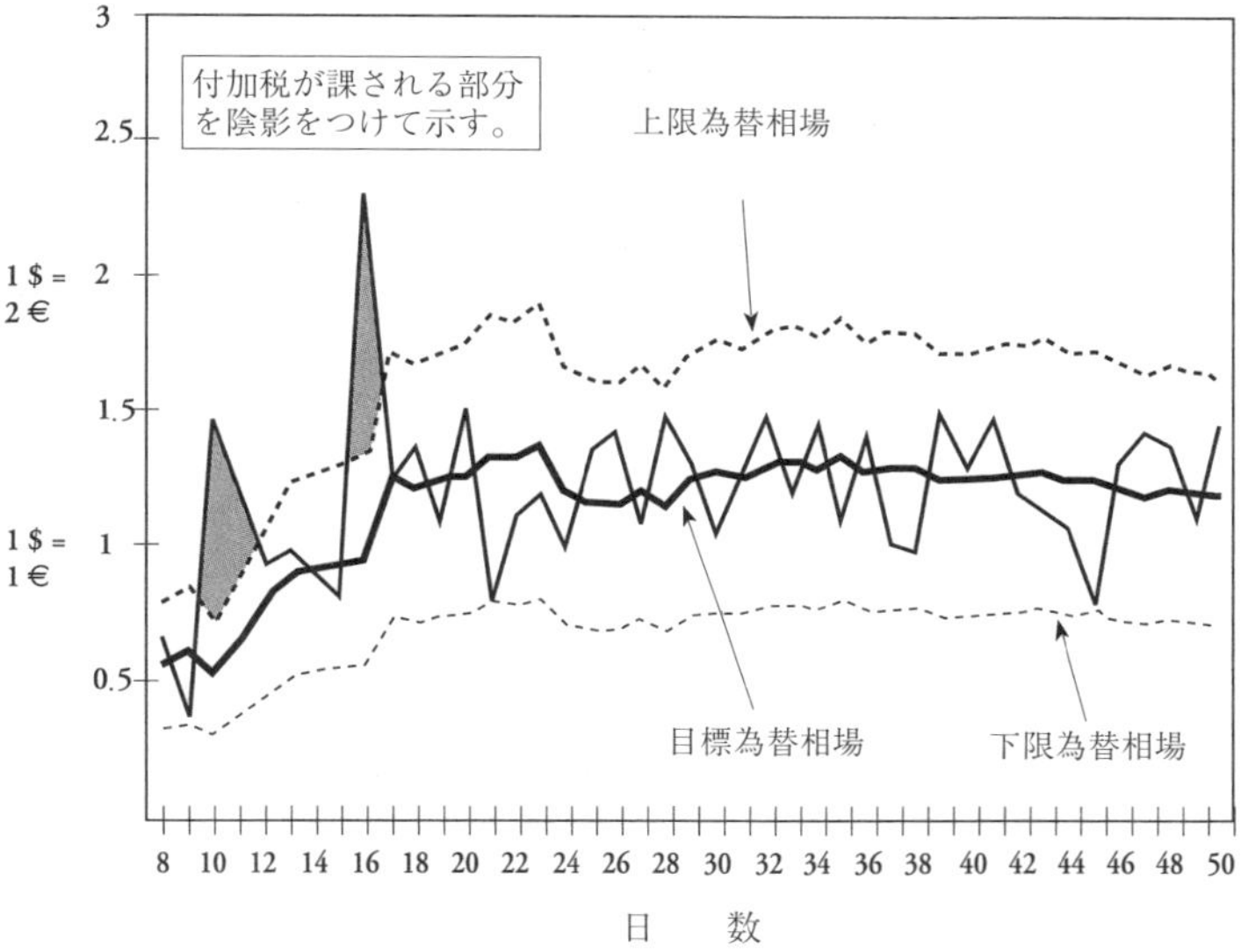

出所：Paul Bernd Spahn, "On the Feasibility of a Tax on Foreign Exchange Transactions", Report commissioned by the Federal Ministry for Economic Co-operation and Development, 2002, 第 2 章, p.19.［本章注28参照］

かわらず、この制度は、欧州諸通貨間の為替相場の比較的長い安定期を確保して、よく機能した。この制度の弱点は、一九九三年にＥＭＳの分裂を防ぐ効果が結局なかった破滅的な金利引上げを除けば、投機に対するいかなる共同防衛システムにも立脚していなかったということである。

この弱点は、二段階の通貨取引税を実施すればカバーされるであろう。その通貨の為替相場が変動幅の中にとどまっている限りは、為替取引は「正常」もしくは「日常的」だと見なされ、低水準の「通常」の税が適用される。為替相場が前もって定められた変動幅の外に出るや否や、取引は投機的だと見なされ、周知の自動メカニズムが付加税の適用をスタートさせる。前ページの図でそのメカニズムをよりよく理解することができる。

注目されるのは、「目標為替相場」は固定的でなく、時間の経過につれて変動することである。イギリスがポンドのユーロに対する変動を制限することに決めると仮定しよう。イングランド銀行は、日々のこの変動の平均を、たとえば最近三〇日について計算するだろう(29)。二〇〇二年四月一日には、その平均は三月一日から三一日までの期間について計算されていることになるだろう。そこで、四月一日には、ポンドの為替相場はこの平均に対して上下二%以上離れてはならない、と決められよう。四月二日も同様であるが、平均は三月二日から四月一日までで計算されていることになり、以下同様である。このようなやり方を取ることで、短期における過度の変動を取り除きながら、為替相場が経済の必要に適合するように変動していくことが可能になる。また、あまりにも容易に投機家の餌食となってしまう、固定為替相場制の難点も回避される。この仕組みは柔軟である。というのも、目標為替相場を計算するための参照時期に関してプラグマティックな適応が考えられるし、許容される変動範囲についても同様だからである。イギリスは、ユーロおよびドルに対して、さらには円に対しても、ポンドのこれら三通貨に対する日々の変動の移動平均を計算することで、その変動を限定することに決めることもできよう。そのことは、イギリスが関係諸国政府の承認を求めることをせずとも、一方的に決めることができる。

付加税について言えば、これは専ら、変動幅の外にある為替相場の値と、変動幅の限度となる為替相場の値との差に、当該数量をかけたものに適用される。この状況は、六五ページの図における陰影を付けた面で表わされる。

そうすると、付加税は、変動幅の外での変動についての責任を負うべき投機にのみ適用されるのであって、日常的なインターバンクの取引には、通常税率が適用され続けることになる。

P・B・シュパーンのこの提案は、税の作用を投機の規模に釣り合わせるのに優れたアプローチであるように思われる。

しかしながら、我々は、いくつかの点で彼の案とは考えを異にする。

P・B・シュパーンが第一に配慮しているのは、為替市場の現行機能を改めて槍玉に上げることも、「システムを変える」ための足がかりにすることもしない、ということである。金融業が資本主義とグローバル化の急先鋒であるとか、金融取引量（流動性）が過剰になったとかいう考えには、彼は反対である。流動性を商品貿易に必要な最小限へと減らすなどというのは、酸素を人間存在の生命維持に不可欠な最低限に減らすというのに等しいことであろう。「ホット・ポテト」の原理（そこでは各銀行が自分で引き受けたくないリスクを転嫁し合う）が保たれるように、流動性は維持されなければならない。彼が、非常にゼロに近い、〇・〇〇五％から〇・〇一％（〇・五〜一ベーシスポイント）の税を考えるのは、それゆえである。税は専ら銀行によって支払われなければならないが、そのことで銀行の活動が損なわれてはならないから、というのである。しかるに、今日、銀行は、ユーロをドルと〇・〇一％の手数料で交換している。シュパーンによれば、〇・五ベーシスポイント、さらには一ベーシスポイントの税で、五〇％から一〇〇％の値上げに相当することになり、もっと高い税ではインターバンク市場の機能をひどく損なうことになるだろう。

われわれとしては、P・B・シュパーンの態度は行き過ぎだと考える。金融の領域の規模が生産および商業の領域の規模と厳密に等しくなければならない、などという考えを擁護する者は誰一人いない。その考えは、売買される商品一ドルにつき、ただ一ドルだけが金融の領域を流通すべきだなどということを意味する。危惧されるのはその逆だ。すなわち、流動性が過剰になり、そのため有害にさえなってしまっているということである。少なすぎる酸素は生命を生存不能にするが、多すぎる酸素もまた然りである。酸素の過剰が個人における過多症の発作を引き起こすのと同様に、流動性の過剰は投機的なバブルにつながる。ケインズの表現を借りれば「流動性の盲目的崇拝」があらゆる改革の試みにとっての越えられない地平になるべきではない。銀行のみならず、その顧客(多国籍企業、保険会社、あらゆる種類の投資ファンド)も税を支払うべきである。皆が通貨投機に参加しているからである。それゆえ、税の計算についての基準の役目を果たすべきは、顧客によって支払われる為替手数料である。ところが、これはユーロ対ドルの市場では通常〇・一%以上であり、他の市場ではさらに高い。そうしたわけで、我々は〇・一%という通常税率を支持するのであって、この税がありふれた小さな投機を抑制するのに有効であることを望むのであれば、これは

税の通常水準はどれくらいであるべきか?

「ホット・ポテトの原理」の作用によって、〇・一%の税ならば、片道について〇・五%にも

達し得る「雪だるま」効果を有することになり、これが税の投機に対する影響力を増す。外貨を買うときに、税が支払われるものと仮定しよう。ある銀行が投機家からドルを買い、それがその後、他の三つの銀行に転売されるものと予測しているとすれば、税の累計額は、〇・一%×四＝〇・四%となるだろう。この〇・四%の一部は、銀行によって顧客に請求されるだろう。これに、〇・一%くらいと考えられる、銀行と顧客との間におけるもともとの取引費用が加わる。つまり、合計では〇・五%となる。一往復ごとに、「雪だるま」効果は二度生ずるので、税の累積効果は、〇・五%×二＝一%となるだろう。

このような仕組みをもってすれば、ありふれた小さな投機と我々が呼んだものを効果的に阻むことが可能となろう。上述のように一%の累積効果をもつ〇・一%の税で、一ヵ月で二%の下落に賭ける投機の利益を没収することができ、外国の六%に対して四%の国内金利を保っておくこともできることになる。ドルに対するユーロの平均的な変動は月に二%から三%の規模のものだということを踏まえれば、税の「通常」の水準は〇・一%と〇・一五%の間になるようにすべきだろう。それよりずっと激しく変動する新興諸国の通貨については、通常の税率はもっと高く、〇・二%から〇・五%といったところになるかもしれない。

（計算の詳細については、attac.org［http://www.attac.org/fra/list/doc/jetin4.htm］で利用可能なB. Jetin, "The efficiency of a Currency Transaction Tax", を参照。）

必要最低限であると思われる。この投機とは、すなわち、ドル、ユーロ、円の間で月に二％から三％の変動を引き起こすものである（前ページコラムを参照）。

大量の資本流出と為替相場の崩落につながり得る金融危機の場合に、この仕組みで十分だろうか？

次のことをはっきりさせておこう。J・トービンが七〇年代に提案していたような、単一税率の通貨取引税では、〇・一％、いや一％のものであっても、アジア危機の際に見られたような、ある通貨の為替相場が一ヵ月に一〇％から五〇％切り下げられるということに賭ける投機的攻撃を阻止するには不十分であろう。これは、トービン税への反対者たちが、お門違いの戦いをしているとも気づかずに、競うようにして繰り返していることである。

これに反して、P・B・シュパーンによって提案されたもののような、二段階の通貨取引税であれば、以下の理由によって、効果的なツールとなろう。

1. 危機の勃発の前に、通貨取引税は、投機から引き出される利益を没収されることになるという見通しのもとに置かれる投資家たちの予測に影響を与えることで、予防的に作用する。ところで、二段階の税のメカニズムは、その抑止効果を強めるために前もって公表される。投機家たちは、自分たちが引き起こそうとしている切下げの規模がどれほどであれ、利益は没収されることになると、あらかじめ警告されるのである。

2. それはまた、脆弱な経済への短期の投資も断念させるはずである。こうした投資が為替相場の過度の上昇につながり、その後これらの資本が当該国から引き揚げるときに激しい下落が伴うものである。投機的な流入を思いとどまらせることで、急激な流出も避けられるであろう。逆に、長期の生産的な投資は促進されよう。通貨取引税が為替リスクに対する保険の役割を果たすことになるからである。

3．それでもなお危機が勃発するのであれば、通貨取引税によって、危機に対処するため諸国政府が使える一連の装備をより充実させることができる。具体的には、タイ・バーツの為替相場が、一九九五年の一ドルにつき二四・九バーツから、一九九六年の二五・三バーツになったとき、つまり一・六％の価値低下が生じたときには、〇・一％という通常の税率をとる通貨取引税で十分であっただろう。投機によって一九九七年に為替相場を三一・四バーツへと下落させる、つまり二四％の価値低下となるおそれが生じていたときには、一〇〇％の付加税の発動があれば、バーツを以前の水準に戻すことが可能であっただろう。三一・四と二五・三の差、すなわち六・一*バーツが一〇〇％で課税されていたとすれば、バーツに対する投機を行なう者はだれであれ、一ドル当り六・一*バーツの税を納めることで、為替利得の全部が没収されてしまっていたところだということを意味する。一〇〇％の禁止的な付加税は、投機的な為替取引の停止につながる。これは、証券取引所に存在するサーキット・ブレーカー［株価が一定の値幅を超えて変動した場合に売買停止措置がとられる制度］になぞらえることができるメカニズムである。株式価格が危険なほど下落すると、相場を付けることは自動的に停止される。証券取引所運営の会社が利用している情報システムのソフトは、相場付けと取引の自動停止をあらかじめ想定したバックアップを備えている。通貨取引税についても同様となろうが、その点から見ればこれは為替の規制措置に類似している。それゆえ、二段階の

通貨取引税の支持者たちと、資本および為替規制の支持者たちとの間には、基本的対立はないのである。(30)

東アジアおよびラテンアメリカ諸国の場合、より賢明だったのは、税を用いて通貨の管理フロートの原則を採用すること、収入の一部を為替安定化基金の形成に利用すること、そして危機が勃発したときには、通貨を防衛するために付加税を適用し安定化基金を動員することであったろう。当該諸国の政府は、そうしたことはせずに、苦労して獲得した為替準備を無駄に使いつつ、また、高い金利によって自国の経済に大損害を与えつつ、ひたすらドルとの固定為替相場を守ろうとした。

それでもやはり、税で最も深刻な危機に対処するには不十分だということになるのであれば、資本および為替の規制という補足措置を取ることを妨げるものは何もない。通貨取引税と資本および為替の規制という古典的措置との間には、矛盾ではなく、逆に補完性があるのである。

二〇〇一～二〇〇二年のアルゼンチン危機の最中に、現地の有産階級と外国企業は、ブエノスアイレスとニューヨークに同時に上場されている企業の株式を買うことで、自分たちの資本を流出させた。ブエノスアイレスで買われた株式が、ニューヨークで再び売られており、資本逃避を可能にしていたのである。このような実際の経験が示すのは、こうした状況では、税は資本規制という補足的措置によって補完されるべきだということである。これは、危機の最中、一九九八年九月一日にマレーシアが行なった選択である（コラムを参照）。

要するに、通貨取引税がここ何年かの金融危機のもとになった構造的問題すべてに対する魔法の解決法だ、などと主張するのは間違いであろう。通貨取引税によって、危機の前およびその間に投機を阻止することは可能になる。しかし、資本の規制以上にではないし、危機のもととなる構造的な根源への解決策を与えるものではない。通貨取引税は、経済的および社会的な被害を限定的なものにし、必要な改革に取り組む時間を与えることを可能にするものである。自由主義者たちによって推奨されている解決策——誤った政策を実施していると思われる政府に、突然の危機によって市場が「教訓」を与えるに任せること——に比べれば、これはそれほど悪くないことである。

一九九七〜九八年のアジア危機の間におけるマレーシアの資本規制

一九九八年九月一日、ドルに対する現地通貨リンギの為替相場が、当局によって一方的に固定された。投機家たちがリンギを売ってドルを買うのを防止するように、国外で流通しているリンギの本国への送還については一ヵ月という期限が定められた。同じ理由により、リンギ建ての株式および債券の売買すべてが本国に送還され、クアラルンプール証券取引所に集中された。マレーシアの株式および債券を買う外国人には、再び売ることができるようになるには少なくとも一年間保有することが義務付けられた。対外的な融資を締結することは禁止となり、対外的な支払は上限が定められて、許可を受けるべきものとされた。リンギの交換可能性は、金融的活動を除外して、貿易取引に限られたものになった。

[注]

(1) Nicholas Kaldor, "Speculation and Economic Activity", *Review of Economic Studies*, Vol.7, No.1*, 1939 フランス語ではR. Boyerの編纂による、Économie et instabilité, Economica, 1988* 所収。

(2) J. M. Keynes, [*The General Theory of Employment, Interest and Money*,] 第一二章、フランス語版、*La Théorie générale de l'emploi, de la monnaie et de l'intérêt*, Petite Bibliothèque Payot, 1977, p.170. [塩野谷祐一訳『雇用・利子および貨幣の一般理論』、ケインズ全集第七巻、東洋経済新報社、一九八三年、一五六ページ]

(3) André Orléan, *Le Pouvoir de la finance*, Éditions Odile Jacob, 1999, pp.17-23*. [アンドレ・オルレアン、坂口明義・清水和巳訳『金融と権力』藤原書店、二〇〇一年、一九~三五ページ]

(4) ある銀行の勘定で通貨(または金融証券)を売買する役割を担う者をトレーダー(trader)と呼ぶ。

(5) 証券取引所の仕事は、他の仕事と同様に一つの産業である。証券取引所とそのさまざまな市場は、取引に対して報酬を得ることで利益をあげることを目的とする民間会社である。諸々の証券取引所自体が証券取引所に上場されている。他の産業と同様に、それらは合併したり買収されたりする。最近、パリの証券取引所は、ベルギーの証券取引所およびオランダの証券取引所と合併して「ユーロネクスト」に統合され、そのあと[二〇〇二年初め]これはロンドンのデリバティブ市場を買収した。狙いは、いっそうの貯蓄資金と取引を吸い寄せて利益を増やすことである。

(6) 離婚の可能性のない結婚にケインズが喩えているものである。(*op. cit.*, p.172 [邦訳、一五八ページ])

(7) ロンドンでは、「ジョッバー」は(ロンドン証券取引所のビッグ・バンの年、一九八六年まで)証券についての取引を集中する仲買商であって、ブローカー(取次仲買商)によって取り次がれる注文の相手方になっていた。たとえば、ブローカーが売るとき、一定限度内で、市場の流動性を確保するように、ジョッバーが買う。ジョッバーの利益は、同一証券の購入価格と売却価格との利鞘に存する。ウォール街では、この役目は「スペシャリスト」と呼ばれる人々によって確保されている。パリの取引所では、この種の仲買商は存在しない。

(8) ブローカーは、取次仲買商である。彼らの役割は、注文を出す顧客(企業や保険会社や富裕な個人)の勘定で証券を買ったり売ったりすることである。ブローカーは、それぞれの取引について徴収される手数料によって報酬を受ける。

(9) 「投機家たちに課税せよ」という注目を喚起する表題で、一九九二年一二月二二日の『フィナンシャル・タイムズ』紙に発表された論文で、彼は明示的にケインズを参照している。前掲、*Retour sur la taxe Tobin*, に再録、pp.45-48、また、ケインズの美人投票には、一九九六年の共同執筆による標準的参考図書、M. Ul Haq, I. Kaul, I. Grunberg, eds., *The Tobin Tax: Coping with Financial Volatility*, Oxford University Press, Oxford, への序文の中で言及している。

(10) とりわけ、新たな状況に一層適合的だと彼が考える金融政策。件の税の最初の提示は、彼の一九七二年の「金融政策の柔軟性」と題された講演の一節に組み込まれていた。J.Tobin, *The New Economics: One Decade Older*, [前掲(序章注1)、p.83] 仏訳、p.19.

(11) 利子率は、貨幣の価格である。それは、あらゆる価格と同様に、供給と需要の対比によって決定される。もしも貨幣の供給がその需要よりも急速に増加すれば、利子率は低下するのであり、その逆もまた然りである。

(12) 大量の自国通貨の売りと外国通貨の買いは、自国通貨の外国通貨に対する価格である為替相場の減価をもたらす。

(13) これは、一九九九年のノーベル経済学賞受賞者でユーロの熱心な支持者R・マンデルの意見とは異なる。J・トービンはしばしば彼を賞賛しているが、彼のほうは賛辞を返すことはしていない。R・マンデルは、最近の『リベラシオン』紙への談話で、トービン税は「ばかげた考え」だと言明していた。彼はそれよりも、米ドル・円・ユーロの間での固定平価の形での、単一世界通貨の創出のほうが良いと考えている。トービン税の支持者たちはしばしば甘い夢想家と呼ばれるのであるが、夢想しているのは彼らだけではないことがわかる。

(14) この点を深く掘り下げたい読者は、ヴァレリー・ヴァネルの論文「為替相場ボラティリティの国際貿易への影響――実証研究への寄与」を参照すると良いだろう。Valérie Vanelle, “L’impcat de la volatilité des taux de change sur le commerce international, l’apport des etudes empiriques”, *Économie appliquée*, tome LIV, 2001, n° 2, pp.59-90.

(15) 国際決済銀行（BIS）によって採用されている数字。これは、諸国中央銀行の活動の連携調整を行なっているバーゼル所在の国際的銀行である（第2章参照）。

(16) 『フォーチュン』誌による一九九二年についての世界主要五〇〇社調査によれば、八五％の企業が、為替リスクから身を守るためにデリバティブ［金融派生］商品を利用していると答えているが、それらは平均八〇億ドルの資本金を有している。為替リスクに対してカバーをすることは全くないと答えた企業は、平均で二五億ドルという相当の額に昇る資本金を有している。W. Dolde, 1993, *The Use of Foreign Exchange and Interest Rate Risk Management in Large Firms*, pp.23-24, 標準的文献（本章注9参照）所収の、D. Felix & R. Sau, “On the Revenue Potential and Phasing in of the Tobin Tax”, 1996, に引用されているものを参照。

(17) Ben Patterson & Mickäl Galliano, “The Feasibility of an International ‘Tobin Tax’ ”, Working Paper, Economic Affairs Series, ECON 107 EN, European Parliament, March 1999*. [http://www.europarl.eu.int/workingpapers/econ/107_en.htm]

(18) H. Bouguinat, *Finance internationalle*, Coll. «Thémis», Édition des Presse universitaire de France, 1992, Paris.

(19) 自由主義的エコノミストたちは、金融市場の動きを、好んで安心な振り子のイメージになぞらえる。ショックが振れを引き起こすとしても、玉は常に再び均衡点を通る。G・ソロスは、それを、むしろ、力をこめて投げるとあらゆる方向に跳ね返るゴムボールになぞらえる。投機は、次の軌道を予測することに帰着する。この意味で、彼は、前に紹介したケインズの説明にごく近い。

(20) この点については、ニューヨーク大学教授でニューヨーク証券取引所顧問の Joël Hasbrouck による証言を参照。http://www.emergingfinance.ch

(21) それらのシステムは、公債（短期財務省証券［ＴＢ］や国債）の市場でも見られる。

(22) ノーベル経済学賞受賞者のロバート・ソロー（Robert Solow）への返答として『ニュー・リパブリック』誌（*New Republic*）、一九九九年四月一二日号に発表された対論［"Global Capital Markets: An Exchange"］を参照。同じ懸念が、国際決済銀行（ＢＩＳ）の文書に表明されている。Aspect structurels de la liquidité des marches, note de discussion du CGFS, juin 2001.［"Structural Aspects of Market Liquidity: from a Financial Stability Perspective", CGFS Discussion Note, June 2001.（http://www.bis.org/publ/cgfs_note01.pdf）］

(23) 投機的攻撃は、限定的な意味で定義されている。一つの投機的攻撃を確実に分離して扱えるように、攻撃の前の一二ヵ月間に、為替相場の変動は一ヵ月当り平均で二・五％を超えていてはならないとする。同様に、二つの投機的攻撃が一年の間隔をおかずに生ずるときは、重複勘定を避けるため、それらのうちの一つだけが勘定に入れられる。それゆえ、三〇八という数字は、最小値である。世界銀行のワーキングペーパー、Aart Kray, "Do high interest rates defend currencies during speculative attacks?",［World Bank, Policy Research Working Paper No. 2267, Jan. 2000］を参照。

(24) 高度な計量経済学的調査を行なった Aart Kray、前掲論文によれば、一般的なケースにおいて、金利の引上げが投機に対する有効な武器であるということを証明する実証的な証拠はまったく存在しない。他のいくつかの研究も、この結果を裏付けている。

(25) ミューチュアル・ファンド（mutual funds）に当たるフランス語は、Orgnismes de placement collectif en valeurs mobilières*（ＯＰＣＶＭ）［投資信託全般を指す］であり、ＳＩＣＡＶ（Société d'investissement à capital variable）［オープンエンド会社型投資信託］やＦＣＰ（Fonds commun de placement）［法人格を持たない共同所有の投資ファンド］を含む。これらの機関は、家計の勘定において金融証券や通貨での投機を行なう。

(26) 金融市場についての優れた社会学の著作、Olivier Godechot, *Les Traders*, La Découverte, 2001, がそれについて述べている詳細な記述を参照。

(27) B. Eichengreen と D. Mathieson により編纂されたＩＭＦの研究、“Hedge Funds and Financial Market Dynamics”, Occasional Papers, No.166, May 1998［松崎延寿訳『ヘッジファンドの素顔』シグマベイスキャピタル、一九九九年］を参照。

(28) Ｐ・Ｂ・シュパーンは、フランクフルトのゲーテ大学教授である。彼は、特にドイツ連邦経済協力省への報告書（英語と独語のものが利用可能）の著者であり、これを独経済協力省は、二〇〇二年三月の開発金融に関するモンテレイ・サミットに討議文献として提出した。［http://www.wiwi.uni-frankfurt.de/professoren/spahn/tobintax］pbspahn@wiwi.uni-frankfurt.de*

(29) 数学では、それを移動平均と呼ぶ。

(30) ピエール＝ノエル・ジローの論文「投機を非難すべきか?」（『経済のオルタナティヴ』誌二〇四号、二〇〇二年六月掲載）の、とりわけ対策を扱った部分を参照せよ。Pierre-Noël Giraud, “Faut-il condamner la spéculation?”, *Alternatives Économiques*, n° 204, juin 2002.

第2章 税収、管理および使途

あらゆる税と同様、通貨取引税は収入を生み出すのであり、それは相当多額になるかもしれない。それゆえ、それを推計し、そのあり得る使途についてよく考えてみることは、正当なことである。ジェームズ・トービンにとっては、この税の収入は、「副産物」でしかなく、その重要性はほとんど認められないのであって、いかなる場合にも税自体を正当化し得るものではない。彼は当初、介入基金の予算を増やすため、税収をＩＭＦもしくは世界銀行に託すことを考えている。一九九六年の著作では、税収はこれら二つの国際機関と税を徴収した諸国の政府との間で分け合い、最も貧しい諸国の参加を保証するため、こうした諸国は税収全部を保持できるような累進的方式に従うということを、彼は想定している。これに反して、通貨取引税の支持者たちにとっては、この税収は重要な側面である。それは、資金の欠乏による社会的およびエコロジー上の不平等の大きさに鑑みてというばかりでなく、この税収が諸国間の連帯を――いわゆる社会主義諸国の戯画的な試みがその意味を歪めてしまって以来、また、豊かな諸国と国際機関によって使われるようになった自由主義的アングロサクソンの合言葉“trade not aid”（援助ではなく貿易を）がその中味を空っぽにしてしまって以来、弱まってしまった連帯を――再び作り出す機会を提供するからでもある。そういう理由で、税収を推計し、ついで、どのようにしたらそれを社会的、エコロジー的、経済的次元で有効に使うことができるかを分析することは重要である。しかし、あらかじめ、この税によって生み出される税収に関して頻繁に繰り返されるいくつかの反対意見に答えておかなければならない。

できるだけ投機を減少させようとすることと、同時に通貨取引税を開発の資金調達の手段にすることとの間には矛盾はないのだろうか。実際、この税が本当に有効であれば、投機はもはやないであろうし、それゆえ税収ももはやないであろう。別な面から言うと、投機という他方で非難される活動のおかげをもって開発の資金調達をしようというのは、本当に道義にかなったことなのだろうか。政治的な面から言うと、投機家たちに投機を続けさせておきながら、最も懸念される社会的およびエコロジー上の不平等を減少させることで、自由主義的グローバル化を許容しうるものにしてしまうおそれはないのだろうか。結局のところ、G・ソロスは通貨取引税に賛成の意を表明したのであって、つまりは「あまりに多くの投機は投機を殺してしまう」ということに要約されそうな立場を擁護しているのではないか。

これらの反対意見に何と答えるべきか？

1．第一目標は投機をできるだけ減少させることである。通貨取引税が完全に投機を消滅させるのであれば、主要目標は達成されることになり、通貨取引税の支持者はそのことを喜べばそれでよいということになろう。しかし、わずかな水準の税というただ一つの措置だけで、通貨投機が完全に消え失せるなどと本気で思う者はいない。実際には、投機は大いに減少するであろうが、完全になくなることはあるまい。H・デジールが説くごとく[1]、この税の北米の支持者は、米国で実施されている「罪悪税」(sin tax)、つまり平たく言えばタバコやアルコールにかける税に、通貨取引税をなぞらえている。近年、こうした税は、フランスやその他の諸国において、大きく引き上げられ、とりわけタバコについて、消費の低下をもたらした。しかしながら、単なる課税だけで、常習的喫煙やアルコール依存症が完全になくなるなどと想像する者はいない。公衆衛生の問題は、何よりもまず公衆衛生政策によって解決される。通貨取引税についても同様である。この税は投機を減少させるのに役立つかもしれないが、真の解決は、市場が公権力の監督下に置かれるのであって今日のようにその逆ではないような、国際的な通貨・金融システムの再構築に見いだされる。その結果、この税でうまく二つの目的を果たすことが可能になるだろう。投機を減少させることと、新たな資金を引き出すことである。これは、通貨取引税を、通常どおりの資金に代わる開発資金調達の唯一の財源にするというものではないことも、付け加えておこう。通貨取引税の税収は、現存の資金に加えられるべきなのであって、それに取って代わるべきではない。この税収によって、豊かな諸国の政府がＯＤＡ［政府開発援助］に関する責任を免除されるということであってはならず、それは開発の安定的かつ恒常的な資金調達の基本的財源であり続けるべきものである。三〇年前、国連は、ＯＥＣＤの中に入っている世界の最も豊かな二二ヵ国に対し、自国のＧＮＰ*の〇・七％をＯＤＡに当てることを求める決議を採択していた。この目標は達成されていないだけでなく、大部分の豊かな諸国の政府が、その貢献を絶えず減少させてきて二〇〇〇年には〇・二％にまで下落した（その中で、米国は〇・一〇％、フランスは〇・三二％）のであり、その間、開発を加速するものと見なされる民間資本を代わりに受け入れるよう南の諸国に要求してきたのであった[2]。豊かな諸国がそのＧＮＰ*の〇・七％をＯＤＡに当てるという約束を尊重していたならば[3]、ＯＤＡは現在の五六〇億ドルからおよそ一五六〇億ドルへと変わるところである。この一〇〇〇億ドルの増加があれば、「グローバル公共財」の財源を調達し、今日不足している緊急人道援助を提供し、国連によって採用されている開発の正式目標を超過することも可能にするだろう。民間資本が支払能力のある諸国にしか関心をもたないのに対し、通貨取引税収入の追加があれば、第三世界諸国全体について、これらの社会的最低限を十分に超えていくことが可能であろう。

2．そのことが我々を第二の反対意見に導く。ＵＮＣＴＡＤ［国連貿易開発会議］が一九九九年の年次報告で述べているところによれば、六億人近い住民が住む四八の最貧国（ＬＤＣ）は、第三世界に向けられた対外直接投資（ＦＤＩ）のうち〇・五％しか受け取らなかった。金融市場の興味を引くことができる数少ない諸国の中でも四ヵ国が、一九九八年には五〇％を越えるＦＤＩを受け取ったのであった。この民間資本は、基本的には既存の企業を買収しながらほとんど開発には寄与せず、利益の機会を大いに利用し、経済的および社会的な不安定性を大きく増大させたのであった。

それに加わるのが、純粋に投機的性格を持つ短期の金融的投資である、いわゆるポートフォリオ投資「証券投資」である。世界銀行の元チーフ・エコノミストで、二〇〇一年のノーベル経済学賞受賞者であるJ・スティグリッツによれば、開発の資金調達を行なうために証券投資に頼るというのは、常時他国に向けて飛び立つ用意ができている飛行機の中に座るのと同じことになる。したがって、投機に対して、それが引き起こす社会的損害の一部を償うだけのものを支払うように要求することは、ちょうど、「エリカ」号の難破によって引き起こされた石油流出による海洋汚染の被害★、およびトゥールーズのAZF工場の爆発による被害★★について、トタルフィナ社に支払を要求するのと、同じように道義に適ったことなのである。「汚染者負担の原則」という合言葉は、「投機者負担の原則」というそれによって有益に補完することができる。

3．このことから我々が考え至るのは、通貨取引税が自由主義的グローバル化に異議を唱える代わりにそれを強化するよう取り込まれてしまうという危険は、それほど大きくないということである。多国籍石油会社が、自分たちが引き起こしたエコロジーや人間に被害を及ぼす大事故の補償をするための支払を自発的には受け入れないのと同様、銀行や投機家たちは、通貨取引税も、それと同等の措置も望まない。それには二つの根本的理由がある。第一は、銀行が為替取引の度に徴収する手数料は重要な収入源なので、失うものが多いということである。第二の理由は政治的な性質のものである。銀行とその顧客は、ここ二〇年間諸政府が与えてきたほぼ完全な投資の自由を味わってしまった。彼らの目標は、いかなる後退も防ぐために、これらの新たな特典を大理石に刻み込むごとく不動のものにすることである。このことを自分なりに表明して、世界貿易機関「WTO」の元事務局長レナート・ルッジェロはこう言明している。「我々は世界経済の憲法を書いている最中である」と[4]。こうした文脈において、通貨取引税の採用がなされれば、それは必ずや、現在の社会的な力関係を問い直すことを、そして、銀行や多国籍企業がいかなる代償を払っても望まない政治的力学を始動させることを可能にするような、自由主義的グローバル化への反対者たちの象徴的な大勝利と解されることとなろう。

これらの理由により、通貨取引税が、投機との闘いおよび開発の資金調達というその二重の目的をうまく果たすだろうと主張することは、道理にかなったことである。

税収の推計

税収の推計は、拠り所となる過去の経験もないので、多かれ少なかれ恣意的な仮説に基づく、必然的に難しい作業である。

税の存在によって、現状に比べて為替取引の減少につながるだろうという考えでは、皆の意見が一致する。この税は過剰な取引量を減少させることを狙いとしているのだから、これは全く正常なことである。そこを起点に先に進むとなると、見解の相違が始まり、税に対する反対者たちは市場取引量の減少を誇張する傾向があるのに対し、若干の擁護者たちはそれを過小評価する傾向がある。困難は二重である。一方では、脱税と租税回避に関して、この税とともに両者が増加するだろうという原理をもとにして仮説を立てなければならない。他方では、取引量の税水準に対する感応度を、ここでもまた税水準が上がれば上がるほど取引量減少は激しくなるだろうという原理をもとにして推定しなければならない。

脱税とは、意識的に法律違反をすることである。租税回避は、新しい金融商品の創設やこの税を適用しない諸国、とりわけタックス・ヘイヴンへの取引地移転の結果として生じうる。この先で検討される徴収方式が、脱税と取引地移転の可能性を大きく減少させることを見るだろう。しかし、慎重を期して、わざと悲観的なシナリオ、〇・二五％の税について脱税と租税回避が五〇％にまで達するというものを検討しよう（詳細は補論を参照）。

税の導入の結果として生ずる為替市場取引量の減少についての推定は、より複雑な問題を提起する。実際のところ、互いに結びつきあう二つの現象を考慮に入れなければならない。一方で、税の導入は初期の取引費用の上昇をもたらすことになり、このことはその推計の問題を提起する。他方で、取引者による、全取引費用上昇への反応を推計しなければならない。その反応は、より強いことも弱いこともありうる。

出発点は、現実からスタートすることにある。現実とは、この場合、銀行の通常の利益マージン、すなわち顧客にとっての取引費用である。税は追加的な取引費用と見なすことができるが、その影響を評価するには、それを初期の取引費用と比較しなければならない。たとえば、この取引費用が〇・〇一％だとすれば、〇・〇一％の税は銀行の利益全部を消滅させ、顧客にとって取引費用の倍増に相当する。それゆえ、卸売市場において観測される取引費用、すなわち、ある銀行が他の銀行に請求する手数料であれ、小売市場における取引費用、すなわち、銀行が顧客に請求する手数料であれ、適切な準拠の基準を定めることが不可欠である。

最重要の諸通貨（たとえばドル対ユーロ）に関する卸売市場において、それぞれの取引についてある銀行が他の銀行に対して請求する手数料を〇・〇二％から〇・〇五％の間と見積もることでは、大多数の観察者が一致している。このインターバンクの手数料を基準として採用すれば、税の水準は必然的に〇・〇一％から〇・〇二％という非常に低いものとなる。しかし、第1章で見たように、銀行は、為替取引の連鎖全体の取引利用を、最終的な顧客に転嫁する（「ホット・ポテト」の原理）のであり、そこにはリサーチ費用やリスク・プレミアムも含まれる。銀行は、通貨取引税の一部も顧客に転嫁する。それゆえ、現実により近いということで、税の影響を判断することを可能にする基準として、銀行がその顧客に請求する手数料を採用することが、より適切である。この考え方は、前に税の投機に対する有効性を判断するのに採用したアプローチに合致している。D・フェリックスとR・ソー（前掲論文［第1章注16］、p.243）によれば、顧客に請求される最終的な取引費用は、〇・五％から一％に達するということになりそうである。しかし、他の諸通貨については最高水準が一％、さらにはそれ以上になりうることはわかっているのであるが、やはり慎重を期して、主要通貨（ドル、円、ユーロ）については〇・一五％の費用という最高水準にとどめておくことにしよう[5]。取引者たちが取引費用の上昇にあまり感応的でないとすれば、この最高水準は、〇・二五％という次元の非常に高い税水準を考える余地を与えるものである。実際のところ、取引費用が最初〇・二五％であったとすれば、〇・二五％の税はその倍増に相当する。

それゆえ、取引者たちの取引費用上昇への感応度についての仮説を立てることが必要である。税の導入に応じて生じる二五％、五〇％、さらには一〇〇％もの取引費用上昇に、彼らが感応的である度合いはより強いことも弱いこともありうる。感応度が強ければ強いほど、取引量の減少はより大きくなるであろうし、逆もまた正しい。この感応度を指すのに、経済学用語では、弾力性という言葉を用いる。我々が関心を持つケースでは、取引費用の一％の上昇に応じて、取引量は何パーセントの低下となるかを推計するという問題となる。最も有利なもの（弾力性＝マイナス〇・三三）から最も不利なもの（弾力性＝マイナス一・五）まで、さまざまな仮説が立てられよう[6]。現実性に配慮すれば、この両極端の仮説は退けて、より真実味のある仮説、すなわちマイナス〇・五という弾力性とマイナス一という弾力性に、分析を集中することとなろう。第一のケースでは、一〇〇％の取引費用上昇は、五〇％の取引量減少につながることになり、これは十分に厳しいので穏当と見なすことができるものと思われる。第二のケースでは、一〇〇％の取引費用上昇は、市場の完全な消滅につながることになり、これは行き過ぎであると思われる。というのも、とりわけ貿易および国際投資に対応するものとして、為替取引の最低限は常に存在するだろうからである。

そこから考えれば、税の導入に起因する取引費用の二五％、五〇％、もしくは一〇〇％の上昇に応じて生じる為替市場における取引量の低下は、取引費用上昇に弾力性をかけることで計算することができる。初期の取引費用が〇・〇二％であるという例をとってみよう。もしも〇・〇二％の税が導入されれば、取引費用はそれにより二倍になり（初期取引費用〇・〇二％＋税〇・〇二％＝〇・〇四％）、つまりは一〇〇％の上昇である。弾力性がマイナス〇・三三であれば、一〇〇％×（マイナス〇・三三）＝マイナス三三％の取引量減少となる。もし弾力性が［マイナス］〇・五であれば、取引量低下は一〇〇×〇・五＝五〇％となろう。弾力性がマイナス一であれば、低下は一〇〇％で、もはや取引は存在せず、市場は完全に消滅する。ましてや弾力性がマイナス一・五であれば、同じことになる。税収を推定するために残っているのは、課税標準を推定することだけである。[7]二〇〇一年において、デリバティブを含めて全取引を合わせると、取引量は三二一・五兆ドルと推計することができる（一日当り一兆二八六〇億×二五〇日）。公的取引の免税について一〇％を差し引くと、二八九・四兆ドルが残ることになろう。ついで、租税回避と脱税を、〇・〇一％の税に対する〇・四％から、税が〇・二五％に達するときの五〇％までの、変化する比率で控除する（補論を参照）。

結果は、考えられる全シナリオをまとめた次の表に、〇・〇一％から〇・二五％まで変化するいろいろな税水準と、〇・〇二％から〇・二五％まで変化する取引費用とともに示されている。[8]

税収は、最悪のシナリオにおける年七〇億ドルという最小値（税率〇・〇一％、すなわちインターバンクの手数料〇・〇二％の半分、弾力性マイナス一・五）から、最善のシナリオにおける二四六〇億ドルという最大値（税率〇・二五％、弾力性マイナス〇・三二、取引費用〇・二五％）までの間を変化することが確認される。この最後のケースは過度の楽観論として除外すべきだと考えられるとしても、最も悲観的なシナリオについてはそれほど単純に除外することはできない。最悪のことは常にありうるからである。

この七〇億ドルというのは、どれくらいに当たるのだろうか？　ユネスコによれば、「すべての子供たちに教育を与えるために、世界は今後一〇年間に、毎年七〇億ドルの追加支出をすべきであ

表２　税率水準・弾力性・初期の取引費用に応じた潜在的税収

（10億ドル）

弾力性 e＝－0.32					
	初期の取引費用				
税率（%）	0.02%	0.05%	0.10%	0.15%	0.25%
0.25			72	169	246
0.1		83	157	182	202
0.05	26	89	109	116	122
0.02	39	49	53	54	55
0.01	24	27	28	28	28

弾力性 e＝－0.5					
	初期の取引費用				
税率（%）	0.02%	0.05%	0.10%	0.15%	0.25%
0.25				60	181
0.1			116	154	185
0.05		65	98	109	117
0.02	28	45	51	53	54
0.01	22	26	27	28	28

弾力性 e＝－１					
	初期の取引費用				
税率（%）	0.02%	0.05%	0.10%	0.15%	0.25%
0.25					
0.1				77	139
0.05			65	87	104
0.02		34	45	49	52
0.01	14	23	26	27	28

弾力性 e＝－1.5					
	初期の取引費用				
税率（%）	0.02%	0.05%	0.10%	0.15%	0.25%
0.25					
0.1					93
0.05			33	65	91
0.02		23*	40	45	50
0.01	7	20*	24	26	27

注：算出方法については補論を参照。

ろう。これは、毎年米国で化粧品に支出されている額や、ヨーロッパでアイスクリームに支出されている額よりも少ないものである」。また、同じ文書は、「一国における平均教育期間が一年間延びると、その国のGDPの三%の増加がもたらされ得るということを、一九九〇年に、世界銀行の研究が示した(9)」と付け加えている。その他の数字にも言及しておく価値がある。国連の「開発資金」会議への準備文書によれば、国連の現実の予算は目下五〇億ドルに昇っているのに対して、緊急人道援助の資金調達をするためには、一年当り八〇~九〇億ドルの予算を用意しなければならないであろう。それゆえ、追加の三〇~四〇億ドルを見いださなければならないことになる(10)。こうした例だけでも通貨取引税の正当性を示しており、それに対してお決まりの極端な破局予測論で反論することはほとんど不可能であろう。どうしたら〇・〇一%(〇・〇〇〇一)の税が現実の為替市場の消滅を引き起こすなどということがありうるかは、到底想像もつかないことである。

さて今度は、我々が特に重視するもので、弾力性がマイナス〇・五であるというシナリオを分析しよう。税収は、税率と取引費用がともに〇・一%のときの一一六〇億ドルと、税率と取引費用がともに〇・二五%のときの一八一〇億ドルという最大値の間を変化する。〇・〇五%の税について見ても、税収は非常に高いままであり、取引費用が〇・一%から〇・二五%まで変化するとき、九八〇億から一一七〇億に昇るということも注目される。したがって、通貨取引税が確保しうる最低税収として一〇〇〇億ドルという額を採用するのが穏当である。税収がそのおよそ二~三倍の高さになる可能性も排除はできないのであるが。

この税収を何に用いることができるだろうか?

税収をどう利用すべきか？

税収をＩＭＦと世界銀行の予算を補強するために利用しようというＪ・トービンの提案は、ＮＧＯからは、トービン自身の言葉を借りれば、「井戸の中に落ちる石のように」迎えられた。同様に、南の諸国の対外債務の全部または一部を返済するのに税収を利用しようという考えも、大多数のＮＧＯや組合や南の諸政党が、すでに何倍もの返済がなされてきた債務の無条件の帳消しを要求しているのに応じるほどには、ほとんど反響を呼んでいない[11]。諸国の開発資金調達を援助しても、同時にその対外債務を返済することで貧困化することを要求するのであれば、何にもならないということになろう。一つだけ例を挙げよう。ザンビアの予算の四〇％は対外債務の返済に充てられているが、これは保健衛生予算と教育予算を合わせたものを超える額である。これと同時進行で、乳幼児死亡率が上昇し、三分の一の児童だけしか完全なワクチン接種が受けられず、就学しない児童の数が増加している。

南の諸国の債務帳消しがなされれば、それら諸国には年三〇〇〇億ドル以上の節約になり、この額がもはや豊かな諸国の成長ではなく、南の諸国の国内開発資金の調達に利用できることになるであろう。

論争のもう一つの面は、豊かな諸国と貧しい諸国の間での税収の分配に関するものである。ある人々は、豊かな諸国が税収の一部を保持すべきであると考えている。こうすることは、予算赤字の削減と税の引下げが市場の祝福を受けたいと望む諸国の黄金律となった時代において、豊かな諸国がこの税を採用することへの補足的誘因となるであろう。税収は、貧困を減少させること、最も貧しい者たちの社会保護を改善すること、社会住宅［低所得者向け住宅］を建設すること……などに利用することができよう。近年豊かな諸国において、社会的不平等と貧困が強まってきただけに、このリストは長いものになる。我々の見解を言えば、北の諸国はこれら不可欠な社会的支出の資金を調達するのに十分豊かであって、そのために通貨取引税やその他のグローバル・タックスは必要としない。ＲＭＩ［Revenu minimum d'insertion（社会参入最低限所得）：「社会参入契約」を結ぶことで失業者に対して職業訓練や雇用を促進しつつ、ＲＭＩ手当を支給するフランスの制度］を増額するために、通貨取引税は必要ではない。というのも、フランスはすでにもう必要な富を手にしているからである。そうするためには、その富が別な仕方で分配されれば十分なのである。

したがって、我々の見解は、通貨取引税の税収の全部が、一方では、保健衛生やエコロジーのような領域における国際的な共通利益のプログラムに向けられるべきであり、他方では、南の諸国における各国の開発プログラムに向けられるべきである、というものである。

いずれの場合にも、国連およびその種々の機関の文献を参照することで、必要な額の推計を見いだすことができる。我々の考えとしては、ただ単に通貨取引税がこれらのプログラムの資金調達をすることに当てられるべきだ、ということではない。後で見るごとく、特に政府開発援助（ＯＤＡ）など、それ以外の開発財源も存在しているのであって、通貨取引税の税収によって豊かな諸国が開発資金を提供する義務を免除されるということであってはなるまい。しかし、国連のさまざまな機関によって一九九〇年代に行なわれ、二〇〇二年三月にモンテレイで国連により開催された「開発資金会議」においてそのハイライトが見られる開発の費用の推計は、エコロジー上および社会的な最低限の目標を達成するために国際的次元と各国次元において集めるべき金額のおよその大きさを決定するのに有益である。たとえば、国連開発計画（ＵＮＤＰ）は、特殊な資金調達の対象となるべき「グローバル公共財」という新しい概念を通して、国際的な共通利益のプログラムを規定しようとしている。各国の開発プログラムに関しては、前面に押し立てられるのは、「基礎的社会サービスへの普遍的なアクセス」という概念である。この二つの概念を通して、我々は、通貨取引税の税収が果たし得る役割を順番に分析していくことにしよう。

■第一の使途——「グローバル公共財」

「公共財」という概念は、伝統的に私的財との対比によって定義される。ある財の同一量が同時に二人の個人によって消費されることができないとき、この財は私的な財である。その配分は市場によって規定される。これに対して、公共財は、一国の規模で、本質的には商品とならない、しばしば分割不可能なサービスを指す。たとえば、通貨、保健衛生、教育、文化、大気が汚染されていない状態、司法、安全保障、インフラストラクチャー［社会資本］、情報や知識の伝播、などである。公共財は、二つの共通する特徴をもっている。第一は、ある個人によるそれの消費が、他の個人による消費の可能性を減少させないということである（非競合性の原理）。第二は、誰もそれを我が物とすることができないので、誰もそれを剥奪されることはあり得ないということである（非排除性の原理）[12]。公共財の消費は、しばしば集団全体にとってプラスの効果をもつ。たとえば、衛生学および公衆衛生の規範を尊重する諸個人は、ワクチン接種を受け、健康に気をつけることで、自分たちの個人的境遇を改善するのであるが、まさにそのことによって疫病の蔓延を回避するのであり、このことは無償で集団全体に利益をもたらすものである。この集団的で無償のプラスの効果は、経済学者によって「外部経済」と呼ばれるものである[13]。司法や警察や国防のような、いわゆる「純粋」公共財は、使用の義務があり、税金によって資金を賄うしかない。それらは必然的に国民国家もしくは地方公共団体によって生み出される。逆に、使用の義務がなくて自発的な利用者によって支払われるとき、その公共財は「不完全」と言われるものである（たとえば、有料高速道路）。しかし、この場合においても、支払われる価格は必ずしも真の費用に相当するものではない。というのも、真の費用では禁止的なものになってしまうかもしれず、それゆえ税金で賄われる国の補助金が使われることになるからである。常にというわけではないが、いくつかの場合には、公共財は集団に不可欠なものであるが、収益の上がるものではなく、それゆえ、民間企業によって生産され市場で販売されるものではない。とはいえ、公共財の定義は曖昧であり、それぞれの国の歴史的・政治的伝統に依存する。たとえば、教育がそうである。フランスにおける教育という公共サービスの存在は、全市民に教育を受ける権利を保障しようという意志に明確に由来する、共和制の伝統から受け継がれた政治的意思決定である。しかし、それは私的な教育システムと並存している。別な国々では、現実には公的なものと私的なものの両システムがしばしば並存するにしても、教育は何よりもまず私的財と見なされている。

問題の核心はそこである。国家の統治権機能に関連する純粋な集団的財（軍隊、警察、司法）については市場があり得ないのであるが、これらを除けば、可能な限りの機会に公共財を私的財に転換し、それらを取引できるようにするため市場を創設すべきである、と自由主義者たちは考えるのであり、これは所有権を決定することを前提とするものである。この自由主義的プログラムは、公共サービスの民営化および公共企業と民間企業の間の競争の形成を通して、かつては公共領域に属し無料で利用可能だった多数の財・サービスの私有化と商品化を通して、多数の国においてはっきりと実行に移されている。文化・教育・情報・生命といった分野における知的財産権の拡張、有料の私的な場への国有財産の転換、等々が、そのことを物語っている。

同じ傾向が、地球規模で繰り返されている。というのも、諸国経済の統合増大とともに、ますます多くの一国的な公共財あるいは公共悪［公害］が、国境を越えるようになっているからである。こうしたグローバル公共財に当たるのはどのようなものだろうか？

そのリストは、厳密で網羅的な定義に照らして考えるか（九七ページの表を参照）、それとももっと限定的だが実用的な定義に照らして考えるか（国連開発資金会議への準備作業で定義されたもの、一〇一ページのコラムを参照）に応じて、より大きくも小さくもなる。

この表で、いくつかのグローバル公共財（もしくは公共悪）の間の相違をよりよく理解することができる。この表は、その公共財が現在の世代にだけかかわるのか、それとも将来の世代にもかかわるのか、グローバル・レベルのものか、それとも地域レベルのものか、に応じてその公共財を区別する。それに続いて、この表は、公共財を四つのカテゴリーに分類する。純粋公共財は、非競合性の原理と非排除性の原理を厳密に満たしているものである。その他のカテゴリーは、この二つの原理を部分的にしか満たしていない。この基準によって、たとえば、清浄な水、汚染されていない大気、そして金融的安定性といったものの必要性を比較するのが有益である。もしもある企業が河川の水を汚染したとすれば、清浄な水を得るためには二つの可能性が存在する。ある国々では、企業が清浄な水の所有者であって汚染する権利を有している、と国家が決定するかもしれない。というのも、企業は競争力を持たなければならず、汚染を除去するには高い費用がかかるからである。この場合には、汚染の害を被って清浄な水を欲する市民が、清浄な水を享受する権利を、それを有する企業から買うことで、汚染を除去する費用を払わなければならないだろう。ひとたび清浄な水を手に入れる権利の所有者となれば、市民は企業に対して、裁判に訴えてでも、その汚染を減少させるよう要求することができることになる。支払をするのは汚染を被った人々なので、この解決策は不当であるが、自由主義者たちのお気に入りのものである。あたかも汚染を被った人々が、清浄な水を持つ権利を市場で買う（もしくは買わない）「自由」を有しているかのように、すべての物事が進むからである。[14]もう一つの解決策は、市民が清浄な水を享受する権利を有し、汚染者は汚染することをやめてその費用を引き受けなければならない、と国家が決定することである。教育の場合と同様に、市場メカニズムに任せるのか、それとも国家の介入に委ねるのか、という選択は、一つの政治的な意思決定である。水の汚染というこの例では、汚染者を特定することが可能である、ということも注目される。大気の汚染のような、グローバルな公共悪の場合においては、どの企業がどれだけの量で汚染しているのかを正確に特定して、彼らに正確な汚染の費用を支払わせるのは、

表 3　グローバル公共財の特質による分類

		純粋公共財	不完全公共財	クラブ財	結合生産物
同世代内	リージョナル	森林火災の鎮火	航行路	共同市場	平和維持
		自由地下水の浄化	河川の汚染除去	危機管理対策室	軍隊
		動物検疫	高速道路	電力供給網	医療援助
		洪水の防止	地方の公園	情報ネットワーク	技術援助
	グローバル	海洋汚染の除去	電磁波スペクトルの割当て	運河	対外援助
		天気予報	衛星放送	航空路	自然災害の際の人道援助
		気象測候所	郵便サービス	インターネット	麻薬取引撲滅の取組み
		国際裁判所	伝染病検疫	漁業水域	
異世代間	リージョナル	湿地帯の保護	酸性雨の削減	国立公園	平和維持
		湖沼の清浄化	漁業資源の保護	灌漑システム	洪水の防止
		有毒廃棄物の除去	鳥獣資源の保護	湖沼	文化的多様性
		主要汚染物質の削減	揮発性有機化合物の削減	都市	
	グローバル	オゾン層の保護	抗生物質の過剰使用	国境を越えた公園	熱帯林の保護
		温暖化効果の削減	海洋漁場	静止軌道［衛星］	宇宙探査
		伝染病の根絶	南極大陸の保護	極軌道［衛星］	国際連合
		新しい知識の創出	金融的安定性	堡礁	貧困の削減

出所：Todd Sandler, "Intergenerational Public Goods, Strategy, Efficiency and Institutions", in: [I. Kaul, *et al*. eds.,] *Global Public Goods*, [Oxford University Press, 1999,] p.24-25，から編集。

はるかに困難である。このことは既に一国内でも難しく、一見してわかるように国際的次元では一層難しい。というのも、雲のような汚染は大気の流れのままに移動していくからである。したがって、この場合には市場メカニズムは機能し得ないのであって、ただ公的介入だけが、各国における汚染物質の排出基準と財政的制裁を定めることで、大気汚染の削減を導くことができる。

金融的不安定性の場合は、この公共悪は二つの例の中間に位置する。

この不安定性は、証券取引所相場および為替相場の過度の変動として、また、大量の資本の流出入として現れる。金融市場によって当然にもたらされるこれらの現象は、金融危機につながって、数え切れない犠牲者の生活に影響を与えるのである[15]。大気の汚染の場合と同様、どの金融企業が金融危機に責任があるのかを正確に特定するのは、必ずしも簡単ではない。責任はしばしば集団的なものだからである。それゆえ、国家の行動が正当化されるのであるが、大気汚染とは異なり、基準――この場合は透明性基準やプルーデンス［健全性］基準――は不十分であり、けっして新たな金融危機を防止することには成功してこなかった。米国のエンロン社が、すべての法規と金融的慣行を満たしていたにもかかわらず、破綻したということは、その好例である。このことは通貨取引税を正当化するものである。為替相場の過度のボラティリティ［変動性］は、マイナスの外部性である。前に見たごとく、通貨取引税は為替取引を「濾過する」ことを可能にするのであり、したがって、金融的不安定性に責任がある者たち、つまり最も頻繁に税を支払うことになる者たちを、経験的に特定することを可能にする。通貨取引税は、汚染企業に課される税と同様に作用するのである。汚染企業による生産量の減少が汚染物質の排出を減少させるのと同様に、税は、不安定性に責任がある為替取引数の減少に導くものである(16)。より正確には、第1章で提示された通貨についての変動幅という提案に照らしてみるならば、為替相場の過度の変動とは、為替相場を変動幅の外に飛び出させてマイナスの外部性を成す変動であり、それゆえ抑止的な率で課税されるに値するものである。

この変動幅制度を強化するため、投機的攻撃や大量の資本流出の際に公的当局による通貨防衛能力を強化することを可能にするような、「為替準備基金」を創設するのに税収の一部を用いるということも考えられる。この観点からすれば、通貨取引税はグローバルな公共財の資金を賄うことを可能にする、まさにグローバル・タックスである。それ〔通貨取引税〕は、投機を思いとどまらせることと、準備基金の資金を賄うこととで、二重に通貨の安定性に寄与することになるからである。こうして獲得される為替相場の安定性が、強制的なものとはならず、国際条約に加盟するという諸国の自由な選択の結果として生ずるという限りでは、この安定性はリージョナルもしくはグローバルな不完全公共財と見なすことができる。

この為替相場の安定性は金融的安定性の一面でしかないが、税の適用の地理的な広がりに応じて、あるときは（場合によっては地域的なベースでの）一群の諸国に、あるときは全世界に、利益をもたらすであろう。

この安定性は、現在および将来について、住民および経済行為者たちの全体に恩恵を与えるであろう。こうした特質は本質的なものであって、グローバル・タックスによって資金を賄う対象にできるグローバルな公共財という定義にとって、基本の役割を果たすべきものである。

ある財が、グローバルかつ真に公共的なものであるためには、三つの本質的な基準を満たさなければならない。すなわち、その財は、すべての国にかかわるものでなければならず、住民の社会的諸階層の全体にとって恩恵をもたらすものでなければならず、そして、将来世代に危険を及ぼすことなく現在の世代の必要に応じるものでなければならない[17]。

この定義はわかりやすいという長所があり、おそらくはその理由で、G8諸国や国際機関、とりわけWTOには、そのまま受け入れられるわけにはいかない。というのも、それは多国籍企業の利益にとっては、制限的すぎるからである。

問題となっている点はとりわけ重要である。というのも、それは、単にある財が公共財なのかそれとも私的財なのかを定義するということにかかわるだけでなく、誰がそれを生産するのか——公的権力なのか、私的事業なのか、ということにもかかわるからである。

おのおのの国の政府とWTOに支持されている多国籍企業は、私的利益にできる限り大きな余地を保証するように、グローバル公共財の限定的定義を望んでいる。こうして私有化されるグローバル公共財は、二〇〇一年ドーハ会議の際に採択された貿易交渉アジェンダの枠組みの中でWTOが規定することになっている「サービス貿易に関する一般協定」(GATS)によって体系的に規則づけられることになるであろう。

それについて第一にあげるべき最近の例証は、保健衛生の分野に見いだされる。HIV/エイズおよびその他の感染症の世界的流行との闘いは、この災厄の全世界に及ぶ性質ゆえに、すぐれてグローバル公共財たるものとして非常に頻繁に引き合いに出されるものである。国際的な基金の創設も、前回[二〇〇一年七月]のG8のジェノヴァ・サミットの際に決定された。しかし、G8諸国はその資金調達を行なうことをあまり急いでいる様子を示さなかったのみならず、ＨＩＶ／エイズ対策の取組みは多国籍製薬企業の私的利益という壁に突き当たっている。それらの企業は、現にある薬剤を感染者住民の手により届きやすい原価で南アフリカが生産するということを、妨げるのに全力をあげてきたものである。エイズに対する治療薬、スタブジンの場合が典型的である——「大学の研究から生まれたこの分子はブリストル・マイヤーズ・スクイブ社に独占的に帰属するところ

モンテレイ会議準備作業文書において定義されたグローバル公共財（二〇〇一年三月）

——平和の維持
——伝染病の予防とＨＩＶ／エイズ流行への対策
——ワクチン購入および熱帯病に関する研究のための基金創設
——国際的農業研究
——クロロフルオロカーボン（ＣＦＣ［フロン］）およびその他の温暖化効果ガス排出の防止
——二酸化炭素排出の制限
——生物多様性の保護

出所：国連事務総長への専門家パネル報告［注10参照、p.5］

となり、この会社は世界的流行に最も激しく見舞われた諸国におけるその薬の販売を妨害したのであった」[18]。最終的には、ある妥協が見いだされたのであるが、それは自然なプロセスの結果では全くなくて、南アフリカおよびその他の南の諸国によって繰り広げられた闘争の結果、二〇〇一年ドーハにおけるWTOサミットで取引成立に達して生まれたものである。

第二の例は、インターネットによって広く発信される情報へのアクセスに関するものである。世界人権宣言は、その第一九条で表現の自由を規定し、そして第二七条で「その含意として」情報へのアクセスの自由と、通信手段の利用者のセキュリティとその私的性格の保護とを規定している。これを基礎として、ユネスコは、政府と市民社会が情報を教育のニーズ、文化的ニーズ、社会的ニーズに応じて万人に利用可能な公共財にする責務を有している、と考えている[19]。ところが、この方向に進むためには、数多くの問題が生じる。第一のものは、まったく明白なことに、高いアクセス費用である（コンピューター、電話回線、プロバイダーへの加入）。第二の問題は、著作権やその他登録商標などが一般化してインターネットをしだいに私的な空間へと転換し、アクセス権料を支払う人々だけに制限してきている時代にあって、ナショナルもしくはグローバルな公共財と見なすことができる情報の定義にある。

第三の例は、生物多様性の保護である。ミヒャエル・フリットナーが指摘するごとく[20]、植物と動物の商品への転換は、知的財産権を規制する協定の国際的レベルでの採択によって加速されてきた。種子を作っている北の諸国の多国籍企業は、一九六一年以降、「植物新品種保護国際同盟」（UPOV）の創設とともに自分たちの財産権が保護されるようになるのを見てきた。調印された協定は、企業間の買収／合併を促進し、遺伝子多様性の急速な低下を引き起こし、そして、植物の原種の供給者である南の諸国と「近代種」の強い通貨建てでの販売者である北の諸国との間の経済的格差を承認したのである。一九八三年に国連食糧農業機関（ＦＡＯ）が、多国籍企業によって開発された品種を含め、すべての植物遺伝資源を「人類の共有財産」と規定する決議を採択したとき、ＵＰＯＶに加盟する北の諸国は、「自由な企業の核心に加えられた一撃」を排撃することとなる。この決議は死文化したままにとどまるのである。種子へのアクセスとその再利用に関する「農民の権利」を、「……植物遺伝資源の利用可能性の保全・保護・将来の改良に対する、彼らの過去・現在・未来の貢献から生じている……」（ＦＡＯ、一九八九年）として、規定する決議についても同様である。ＧＡＴＴ、続いてＷＴＯが知的財産権の問題を掌握して、化学や農業関連産業の多国籍企業によって勝ち取られた途方もない力を合法化する国際法を制定するときに、モンサント社によって生産され、次の季節には再利用できない種子の最初の諸品種が現れてくるのが見られることになる。このようにして生産された果物や野菜が、続いてラテンアメリカの農民たちと競争しにやって来るのであり、その市場は、かつて米国の国際貿易についての交渉担当者だったミッキー・カンターのお気に入りの表現を借りれば「かなてこを振るって」参入が自由化されたのである。

これら三つの例が示しているのは、私的企業が何よりもまず受益者を支払い能力のある顧客に限定しようとする限り、上で定義された三つの基準を満たすグローバル公共財の供給については、民間部門と市場を当てにすることはできないということである。伝染病を根絶する代わりに、治療手段を買うことができる人々に売ることの方が、より収益があがることである。それゆえに、すべての国々、世代を超えたすべての人々に普遍的に行き渡る公共財を生産するには、国家の介入に頼る方がより確実なのである。P・ユゴンとジャン＝ジャック・ガバスが明言するように[21]、純粋に経済的な概念とは、実際は自由主義経済の功利主義的な概念であって、これとは関係を絶って、政治的（もしくは政治経済学的）概念を採用すべきである。「政治が公共財と市場が占める特定の地位を定義するのである」（p.25-26）。

■グローバル公共財の資金を賄うのにかかりそうな費用はどれくらいか？

「為替準備基金」の資金を賄うのにかかる費用は、経験なくただちに推計することは不可能である。まず、この基金は、通貨取引税の当初の地理的範囲に応じて、地域的なものかもしれないし、国際的なものかもしれない。それは、関与する通貨とそのボラティリティ［変動性］にも依存するであろう。これらの変数に応じて、また経験に基づいて、必要な資金の額を決定する役割は、税の管理を担当する将来の機関に属することになろう。

その他のグローバル公共財に関しては、大まかな推計を用いることができるが、温暖化効果の削減費用のように、ある種の公共財の厳密な算定をするには科学的基礎が欠如している限りにおいて、正確な数値ではない（コラムを参照）。

たとえば、「グローバル公共財のニーズに対してもう少し満足に応ずるには、おそらく年に最低二〇〇〇億ドル、つまり現在の水準の約四倍が必要であろう」が、これは温暖化効果への対策の主要部分の資金は、各国の予算で賄われるだろうと考えてのものである（国連［パネル報告］、p.51および p.70)。

グローバル公共財の年間費用の推計

――平和の維持(一〇億ドル)。

――結核およびマラリアへの対策(二〇億ドル)。HIV/エイズ流行への対策(七〇~一〇〇億ドル)。

――ワクチン購入および熱帯病に関する研究のための基金創設(一〇~六〇億ドル)。

――第三世界のための農学研究(現在、国際農業研究協議グループ(CGIAR)の予算は三億三〇〇〇万[ドル]で、近年減少している)。

――クロロフルオロカーボン(CFC)[フロン]およびその他温暖化効果ガス排出の防止。その排出削減を援助するために北の諸国によって南の諸国に供与されている資金は、現在一二億ドルである。

――二酸化炭素排出の制限。いかなる推計も利用不能だが、確実に非常に高額の費用。

――生物多様性の保護。いかなる推計も利用不能、おそらく数十億ドルであろう。

出所:国連事務総長への専門家パネル報告、p.70-71

さらに、緊急人道援助をそこに付け加えることができる。これは単に、それ自身で正当化される連帯の義務だというだけではない。自然災害や軍事紛争の被災者を救済することは、地方的・国家的な共同体再建の出発点であり、そこから貧困・不平等・伝染病への取組みや平和の再建を考えることができるのである。すでにもう多くの国に及んでいる伝染病と闘うということも、局地的紛争の際に突発的に現れるものを無視したままでは、あまり意味をなさないであろう。他方、このテーマは論争の的となるものであるが、自然災害（洪水、暴風雨）の被災者の数は、最近一〇年間に三〇〇％増加したようであり、これは地球温暖化の結果かもしれない。こうした理由すべてによって、人道援助は本質的にグローバル公共財の供給と結びついている。グローバル公共財の供給が多ければ多いほど、自然災害や紛争は少なくなり、そのことが人道援助の必要を減少させるであろう。その間、被災者たちに救いの手を差し伸べることが必要である。九〇年代を通して、毎年一億人が自然災害もしくは軍事紛争の被災者となっていたと推定される。この期間中、緊急人道援助の予算は、約四五億ドル、すなわち政府開発援助［ＯＤＡ］予算の八％に昇っていた。この予算は、すべての必要に応じるには明らかに不足している。たとえば、一九九八年のエリトリア紛争の間に、被災者たちが受けた援助は、［一人当たり］二ドル足らずであった。被災者たち全部に真の援助を提供するには、年に八〇～九〇億ドルの予算、すなわち三〇～四〇億ドルの増額が必要であろう[22]。即座に対応することを可能にする、一〇億ないし二〇億ドルの準備基金創設を付け加えることもできよう。最終的に、国際的プログラムの費用に加えなければならないのは、一〇〇億［ドル］の追加である。

総計では、共同利益の国際的プログラムは、最低三〇〇億ドルの費用がかかるであろう。

いかなる公的資金調達を考えるべきであろうか？

これらの資金の調達は、固有のものでなければならず、現行の開発援助予算から差し引かれるべきではなかろう。現時点で、国連（前掲）は、「援助の一五％が割り当てられているのが、厳密な意味でのグローバル公共財の供給である」、すなわち保健衛生および環境に当てられている、と推定している。この報告書が指摘するところでは、「……資金提供がされた活動は、しばしばその受取国よりも供与国に利益をもたらしている」のであり、各国プログラム、とりわけ貧困への対策に向けたプログラムに充てられるＯＤＡの「食い合い」の危険が存在する。たとえば、ガボンは最貧国の一つではないが、フランスの政府援助をより多く受け取ることになっている。追加的な社会福祉支出の資金を賄うためではなく、森林を「保護する」ためである。この決定は、フランスの海外協力当局［海外協力省、一九九九年以降は外務省の国際協力開発総局］によりグローバル公共財の概念によって正当化されている。しかしながら、その決定は、フランスの政府援助の一九九四年におけるＧＤＰ比〇・五七％から二〇〇〇年における〇・三二％への低下という枠組みの中に組み込まれており、このことは、ガボンやその他諸国において、環境のためのより多くの資金供与が、より少ない社会福祉支出の資金供与しかもたらしていないということを意味している。最後に、グローバル公共財の供給として提示されるガボンの森林保護の裏には、森林とそこに暮らす住民を保護するという配慮とは何の関係もない、純粋に経済的な関心が隠されている。森林は、何よりもまず木材および家具産業の利益に最も都合の良いように「経営する」すべを知るべき資源と見なされている。[23]

もし本当にグローバル公共財を、北の諸国と同様に南の諸国の市民すべてに提供したいと望むのであれば、それは私的利益から切り離して、もろもろの国家と国際機関のいずれかまたはその両方の間での協力によって提供されるべきである。なぜなら国際的な政府というものは存在しないからである。各国ごとの次元では、公共財は税を用いて、国家により生産および供給され得るのであり、場合によっては無料ともなる。国際的な次元では、同じ論理によれば、グローバル公共財は、国際協定を要する新たな税で「グローバル・タックス」と呼ばれることになるものによって資金を賄われるべきである。これは、二〇〇〇年六月ジュネーヴでの国連社会サミットによって、開発の資金調達について検討すべき委員会に委ねられた当初の付託事項の一面であった。通貨取引税は、もちろん考えられる主要なグローバル・タックスの一つであるが、唯一のものではない。すなわち、多国籍企業収益へのユニタリータックス［米カリフォルニア州税などに見られる州外・国外のグループ関連企業全体の課税所得を合算して課税するもの］、航空輸送税と二酸化炭素排出税（二つのグローバル環境税）、インターネット利用税（「ビット・タックス」）などもまた、通貨取引税を有益に補完することができる。国連会議の準備文書によれば、炭素税ならば年に一二五〇億ドル（すなわち通貨取引税に匹敵しうる額）、航空輸送税ならば二一億ドル、インターネット利用税ならば一九九六年について七〇〇億ドル（国連事務総長のテクニカル・ノート n°3 参照）★★★、すなわち、合計約二〇〇〇億ドルをもたらすことができそうであり、それが通貨取引税の一〇〇〇億ドルに加わることになり得る。グローバル・タックスは、潜在的可能性としては約三〇〇〇億ドルをもたらし得るであろう。

　こうしたグローバル・タックスにいかなる意義を与えるべきだろうか？　それはまず、自由主義的改革によって実施され正当化されている、各国の税負担の引下げを承認するということではない。また、多数の南の諸国政府に、富裕な家計への累進的所得税や法人収益税を本当に払わせようという政治的意志が欠如していることを、取り繕うということでもない。ＯＥＣＤによれば、各国の税収は、もはや、豊かな[*]諸国ではＧＮＰの二六％にしか相当せず、中位の諸国ではＧＮＰの一九％、貧しい諸国ではＧＮＰのわずか九％にすぎない。たとえば、アルゼンチン政府は、自国籍および多国籍の大企業に対しても、自分たちの資産をマイアミに投資しているアルゼンチン有産者層に対しても、課税しようとする能力もなければ政治的意志も欠いていたということが、アルゼンチン国家の財政破綻が生じた主要原因の一つである。グローバル・タックスの有無にかかわらず、とにもかくにも現在の傾向を逆転し、市民や企業の国家財政への正当な貢献の必要性を再確認しなければなるまい。それなくしては、市民の間での平等を確保できるようにする国民的連帯は不可能なのである。

　これは、最高度に用心深く守られている主権の属性の一つである、国家の課税に関する大権を問題にし直すということではない。グローバル・タックスは、通貨取引税同様、各国レベルで各国政府によって徴収されることとなるだろう（第3章参照）が、それらの税が国際的次元での共有財の資金を賄うのに充てられることを明確にするような特別な会計の対象となろう。通貨取引税は、その他のグローバル・タックスと同様に、まさしく諸国間の連帯に必要な手段なのである。

　さしあたり、通貨取引税だけが実施され、年に最低一〇〇〇億ドルをもたらすとすれば、国連により推計されるグローバル公共財への二〇〇〇億ドルの支出を賄うことができるようになる、ということが注目されよう。そうすると八〇〇億ドルが各国開発プログラムの資金、とりわけ社会的および環境に関する開発の最低条件の資金を賄うのに、利用可能なものとして残ることになる。グローバル・タックスによって生み出される潜在的資金全体を、その他の考えられる資金調達手段で補完するものとして考慮すれば、国際機関によって定められている最適目標を遥かに超えて進むことが可能となるということが、本章の終わりで見られよう。

第二の使途――基礎的社会サービスへの普遍的なアクセス

一九九〇年に第一回の「世界子どもサミット」がユニセフの後援を受けて開催された。二〇〇〇年までに、妊婦死亡率と五歳未満の子どもの栄養失調を半減させることが、目標として定められた。一九九五年にはコペンハーゲンで第一回の「社会開発サミット」が国連の主催により開催された。目標はその時、「基礎的社会サービス」への普遍的なアクセスへと拡大された。これが意味するのは、「各個人が、基礎的な予防および治療についてのケア、家族計画、妊婦のための最低限のケア、エイズについての教育と予防、飲料水と汚水処理、幼稚園から大学までの学校、そして、成人のための識字プログラムにアクセスできる」[24]ということである。一九九五年に、ユニセフは、これらの目標の実現に必要な追加的支出を、四〇〇億ドルと推計していた。一九九八年に、ユニセフとUNDP（国連開発計画）[25]は共同して、「……万人の基本的ニーズの充足を確保するためには、必要と判断される合計額は二〇六〇億から二一六〇億ドルの間になるのに対し、実際の支出額は一三六〇億ドルだけなので、毎年八〇〇億ドル（一九九五年価格）が不足する」と推計している。それゆえ、必要と実際の支出との間の隔たりは、一九九五年の「社会開発に関する世界サミット」以降に倍増したのであり、このことは、基礎的社会サービスから排除されている人口の増加、費用の推計の改善、および物価の上昇によって説明される。この不足する八〇〇億ドルの分類は、一一二～一一三ページのコラムに示されている。

豊かな諸国もODAの二〇％を万人の基本的ニーズの充足に割り当てることを責務とするのと同時に、南の諸国もまたそれに自分たちの予算の二〇％を割り当てるのを引き受けることで、基礎的社会サービスへのアクセスに財政的に貢献することが求められているということを、もう一度思い起こしておこう（一九九五年に採択された20-20イニシアチブ）。「三〇ヵ国を対象とする最近の研究が示したところでは、これらのケースの大部分において、基礎的社会サービスは国家予算の一二％～一四％に相当する。しかし、この割合は、少数の諸国においては明らかにもっと小さい。たとえば、カメルーン（四・〇％）、フィリピン［（七・七％）］、もしくはブラジル（八・五％）、等々……。さらに、保健衛生および教育についての公的支出の配分には、深刻な差別も認められる。最も窮乏した人々の必要がはるかに明白なのに、実のところ、最も富裕な人々がその主要な受益者となっている。非常に顕著な偏りが、補助金の支払にも同じく存在する」（UNDP、前掲報告書、p.79、ボックス 4.5）。ユニセフ（前掲報告書、p.15）は、ジェンダーの不平等がこうした貧富の不平等を倍加するということを、付け加えて述べている。ニジェールでは、男性の識字率は二一％であるのに対し、女性については七％でしかない。ネパールでは、この数字はそれぞれ、男性について四一％、女性について一四％である。学校へ一度も行ったことがない少女と成人女性の比率は、国民のうち最も貧しい層二〇%の中では八五%であるのに対し、最も豊かな層二〇%の中では五四%である。

豊かな諸国について言えば、一九九五〜九六年に基礎的社会サービスに割り当てていたのは、五五億ドルに過ぎず、一九九七〜九八年にはさらにその貢献を二〇%減少させて四三・五億ドルとなった。これはすなわち、政府開発援助［ODA］の平均一一%であって、一九九六年以降OECDによって公式に採用された二〇%という目標に遥かに及ばないものであった。

二〇〇〇年［六月］にジュネーヴで国連主催の第二回「社会開発サミット」が開催されたのは、このような状況においてである。いくつかの前進にもかかわらず、先進諸国が開発援助に関する約束を尊重していないために、また、社会支出を増大させたいと望んでいる第三世界諸国が対外債務の返済によって圧迫されているために、目標は達成されないだろうということが確認された。この確認にもかかわらず、二〇〇〇年九月六日から八日の「ミレニアム・サミット」の際には、ニュー

資金が不足するところ

ユニセフによれば、年に七〇〇〜八〇〇億ドルの追加額は、次のように分類されることになる——

——初等教育に、七〇〜八〇億ドル。

——婦人科・産科医療および家族計画に、八〇〜一〇〇億ドル。

――飲料水の確保と下水処理に、一五〇～一七〇億ドル。
――基礎的な保健衛生サービス全体に、一四〇億ドル。
――基本的な診療ケアに、二六〇～三一〇億ドル。

出所：“Basic Services for All?”, UNICEF Innocenti Research Centre, 2000*, p.19. http://www.unicef.org/

多すぎる資金があるところ

「八〇〇億ドルというのは、第三世界が対外債務の返済に当てている額に比べ、ほとんどその四分の一にしかならない。また、それは、米国の軍事予算のほぼ四分の一、世界の軍事費の九％、世界の年間広告広告費の八％、世界で最も金持ちの四人の資産の半分である。現在の貧窮に対し、可能性のある富」。

出所：“Garantir à tous et à toutes la satisfaction des besoins fondamanteaux [et sortir du cercle vicieux de l'en-dettement]” par Éric Toussaint et Arnaud Zacharie, Comité pour l'annulation de la dette du Tiers-Monde.〔トゥーサン＆ザシャリー「基本的ヒューマンニーズの充足をすべての人々に（そして債務の悪循環から脱出すること）」第三世界債務帳消し委員会〕 http://www.attac.org/genes2001/documents/docdet5.htm

ヨークの国連本部に集った国家元首・首相たちによる承認を受けてさらに意欲的な目標が決定された。

基礎的な社会サービスへの普遍的なアクセスに加えて、極度の貧困の削減（これは所得が一日当り一ドル未満である一〇億もの人々に関するものである）、両性の平等、そして環境の保護と再生に、「国際的開発目標」を拡大することとされた（一一六〜一一七ページ、コラム参照）。モンテレイ開発資金サミットの際に作成された、最近の世界銀行の研究によれば[26]、これらの目標が二〇一五年に達成される見込みを有するためには、最低五〇〇億ドルの追加額が必要である。この数字は、現在のＯＤＡ予算の二倍に相当するものであるが、次のようにして計算されている。世界銀行が推計するところでは、ミレニアム宣言の目標の一つとして、二〇一五年までに極度の貧困を半減するためには、追加額三九〇億ドルを支出しなければならない。貧困の減少は、より多くの人々が基礎的な社会サービスの料金を支払うのに十分な収入を得られるようになるという結果をもたらすであろう。そうすれば、貧しいままでいる人々に無料で提供するためにそれらのサービスの資金を賄う必要は、自動的に減少することになろう。この研究によれば、極度の貧困を半減することと基礎的な社会サービスへの普遍的なアクセスを十分に実現することには、年に五四〇億ドルの費用がかかることになる。

世界銀行の研究で提示されている第二のアプローチは、各目標ごとの個別費用を合計するという、既に言及したＵＮＤＰおよびユニセフの手法を引き継いでいる。行き着くところは、年に三五〇億から七六〇億ドルまでにわたる追加額の幅である。三五〇億ドルという低い推計値は、貧困を減退させるのに必要な額に対応するもので、続いてその他の開発目標に対するそのプラスの効果を予期するものである。UNDPおよびユニセフの推計に非常に近い数字である七六〇億ドルは、基礎的な社会サービスそれぞれへの万人のアクセスに要する費用の合計に対応するものである。その場合は、貧困の減少によって、該当する人々がこれらのサービスへのアクセスの料金を支払うことができるようにはならない、という仮説を立てていることになる。二つの仮説の中間を取れば、五五五億ドルとなる。

■収入と費用とを比較すると、資金調達がほぼ確保されることが示される

1．その費用は高額なものだとはいえ、極度の貧困の除去と基礎的な社会サービスへの普遍的なアクセスは、北の諸国の資金調達能力が及ばない天文学的な金額に達するものではない。北の諸国がそのGNPの〇・七％を政府開発援助［ODA］に割り当てたとすれば、一〇〇〇億ドルの追加額が引き出され、この「ソーシャル・ミニマム」（社会的最低限）の資金調達は完全に実現されるであろう。

2．単純計算を行なえばわかることは、GDPの〇・七％に引き上げられた政府開発援助［ODA］資金（一〇〇〇億のプラス）と、通貨取引税の税収（一〇〇〇億ドル）と、上で取り上げたその他のグローバル・タックス（約二〇〇〇億ドル）とを合わせるならば、引き出すことができそうなのは年に四〇〇〇億ドルの追加的収入であるということであり、これを、国際的な社会・エコロジー上のプログラムの費用（三〇〇億ドル）および「ミレニアム開発目標」の費用（八〇〇億ドル）、

すなわち、合計一一〇〇億ドルと比較すべきである。必然的に認められる結論は、「ミレニアム宣言」において確認されたその最低限を十分に越えて進むことができるであろう、ということである。極度の貧困のみならず、完全に貧困を取り除き(人は一日につき五ドル稼ぐとしても非常に貧しい)、基礎的なケアを確保するのみならず、本当に人々のケアを行ない、読み、書き、計算することができるという以上にもっと意欲的な教育目標を実現し、下水処理をするのみならず、汚染を除去して環境を保護し、自然遺産や文化遺産を保存するようにする、等々といったことに向けてである。

3．貧困の除去と開発資金調達とが実現可能であるということを完全に確信するために、その他のあり得る資金調達の財源は見積もりさえしていないということを、思い起こしておこう。たとえば、UNCTADにより一九九五年報告書で提案された、世界最大の富裕資産への例外的課税となる、多国籍企業収益へのユニタリータックス［合算課税］のように、綿密な提案の対象となってい

「ミレニアム宣言」からの抜粋

——二〇〇〇年九月六〜八日国連での「ミレニアム・サミット」に際して国家元首・首相たちにより採択——

「我々は以下のことを決意する——

二〇一五年までに、一日当たりの所得が一ドル以下の人口の比率、および飢餓に苦しむ人々

の比率を半減すること、また、同じ期日までに、飲料水へのアクセスができなかったり、その獲得手段を持っていなかったりする人々の比率を半減すること。

同じ期日までに、世界中の子どもが、男の子も女の子も、完全な初等教育課程を修了できるようにすること、また、女の子と男の子とが、すべてのレベルの教育への均等な機会を有するようにすること。

その時までに、妊産婦死亡率を四分の三だけ、そして五歳未満の乳幼児死亡率を三分の二だけ、現在の率に比べて引き下げていること。

その時までに、HIV／エイズの蔓延を停止し、現在の趨勢を逆転させ始めておくこと、また、マラリアやその他の人類を苦しめる主要な病気の災禍を制圧してしまうこと。

HIV／エイズによる孤児に、特別の支援を行なうこと。

二〇二〇年までに、少なくとも一億人のスラム居住者の生活を、「バラックもスラムもない町」構想に従って、はっきりと改善することに成功していること」。

この宣言は、この種のものとしては初めてのものではないが、ついにそれに続く効力が伴うことになると、夢想され始めるところとなった。やんぬるかな、一年足らず後に国連が推計しているところでは、宣言された目標が達成される見込みをもつには、年に最低五〇〇億ドルが不足しているのである。

るものである。現在の状況では、合理的な論拠により突然説得された豊かな諸国の指導者たちのおかげで、人類の幸福が数日のうちに実現可能だなどと無邪気に考えてしまうべきではない。しかし、一つの国際的な連帯行為による全く限られた額の富の再分配が、最も貧窮した人々の運命を現実に改善することにつながるのだということは、認識しておくべきである。豊かな諸国の指導者たちは、その世論によって強いられなければ、そうすることはないであろう。

4．この見地からすれば、こうした可能な財源全体から、北の諸国の社会的な富から南の諸国へと向ける再分配を確保するような「持続可能な開発のための連帯基金」（ＦＳＤＤ：Fonds de solidarité pour le développement durable）を形成して、自由貿易と国際投資によって強化されている不平等を部分的に修正することができよう。たしかに、開発は資金調達の問題に要約されるわけではない。それは何よりもまず、現地での活動だけが実現できる、人権および社会権の尊重の問題である。しかし、資金もやはり重要である。児童労働をやめさせたいと思うのであれば、最低限の所得をその家族に授けなければならないのであって、さもなければ、その家族は生き長らえるために児童労働に頼ってしまう。両親の健康と労働力は急速に低下するだけに、なおさらである(27)。ついで、学校を建設したり、あるいは既にある学校の設備を整えたり、さらには教員の給与を支払ったりということもしなければならない。

資金調達と基本権を実現することとは、ワンセットのものである。開発援助が効果的なものとなり得るのは、この条件においてであって、さもなければ開発援助計画はその的をはずし、開発が実現しなかったり人々に不利な形で実行されたりするのである。このことは、世界銀行のような大きな機関によって構想された開発援助の過去の経験が示すところである。世界銀行の支配下にある機関、「地球環境ファシリティ」（GEF、一九九一年創設）によって推進された生物多様性保護のためのプログラムは、そのごく最近の例の一つである。「優先順位の誤りもしくは欠如、上から下へのアプローチ、わずかしかない現地からの参加にたくさんの外部専門家、非常に短い期間での大規模な介入、……」（Michael Flitner, 1998, *op. cit.*, p.159［注20参照］）。「地球の肺」に格上げされたアマゾンの森林の場合では、こうした構想の結果として、上空の宇宙空間から森林を観測する衛星と、最も奥深いところで働くゴム採取労働者とを隔てる距離にも匹敵する、観察する者と観察される者との距離が生じている。「こうした状況では、アマゾンの森林のグローバルな管理の要求が、文化的権利、民主主義、自己決定などの希求と衝突することは不可避である」（Wolfgang Sachs, 1993, Michael Flitnerによる引用）。

さて、もしも通貨取引税が日の目を見て、税収が大きな意味を持つ額になるとすれば、その税収を過去の過ちを繰り返すのに利用するということであってはならない。通貨取引税やその他の新たな開発資金の財源は、過去の経験と断絶して開発戦略を一新する機会とならなければならない。そのために唯一可能な保証は、民主主義の実際的応用問題の手本となるように、通貨取引税の税収の分配を検討することであって、そこでは、受取側の人々が、プロジェクトの定義、実行、監督における権利を手にするということになる。我々が、通貨取引税収入の管理と分配に焦点を当てて、次の節で展開するのが、この考えである。しかし、「持続可能な開発のための連帯基金」（FSDD）が日の目を見るとすれば、その基金に加わるすべての新しい税に、同じ原則が適用できるであろう。

税を管理するのはいかなる機関であるべきか？

一般的な考え方は、税は各国レベルで、主要部分は大多数の為替取引が集中している豊かな諸国において徴収されるということであり、また、その収入は国際的プログラムの資金を賄うことや各国開発プログラムの資金を賄うことに当てられることになるということである。単純さという利点がある一つの可能性は、通貨取引税の税収がごく単純にそれぞれの国の協力省予算に払い込まれるということであろう。これならば、その管理という問題にはけりがつけられよう。この案の難点は、豊かな諸国が開発援助を政治的・経済的目的に利用するという、困った傾向があるということである。このお決まりの問題を克服したいと思えば、唯一の可能性は、資金を集中し、ついでそれを南の諸国に再分配する役割を担う国際機関を考えることである。それが前提とするのは、豊かな諸国が国際的連帯の考え方を採用し、自国の領土において徴収された通貨取引税をこの機関に移譲するのを承認するということである(28)。

この機関の性格を決定するのに最も良いのは、それが果たさなければならない任務と、尊重しなければならない業務遂行の原則を明確にすることであり、そうすれば、既存の一つもしくは複数の国際組織がそれらを実現・実行することができるかどうかを明らかにすることができよう(29)。

■機関の目的と原則

果たすべき任務から始めよう。

1．この租税の一般法典［通則法］を定めること。この法典は、徴収について各国において適用すべき課税の規則（課税標準、税率）、そしてまた、その南の諸国への再分配について律する一般原則を規定することになる。この原則は、これからさらに詳しく述べていくことにするが、資金調達の必要の変化に応じて再定義されることもあり得るであろう。

2．この法典を諸国が適用することを援助し、その尊重を監視すること。税は各国レベルで徴収されるとはいえ、その国際機関は、諸国が一般法典を尊重し、協定の条項を適用することを援助しなければならないであろう。そのことが前提とするのは、その国際機関が協定の監視［サーベイランス］を行なう権限を与えられるということである。伝統的に、国際協定の監視は、ある場合は諸国家により作成される自発的な活動報告書に基づいて、またある場合は何らかの国家の他の国家に対する提訴に基づいてなされている。もちろん、最も有効なのは、国際機関に直接調査できる権限を与え、協定の尊重を確かめられるようにすることである。

3．規則違反に制裁を科すこと。

規則を尊重させることは、制裁の権限を前提とするものであり、これは脱税のケースの単なる公表で、公に釈明することを当該国に余儀なくさせることから、警告を経て、金銭的なペナルティにまで及ぶものとなり得る。加盟国は、こうした制裁の原則を認めなければならないのであって、その詳細は集団的に定められているものということになろう。

4．一般法典の解釈と修正。
当初の一般法典は、おそらく、前もってすべての詳細まで、適用方式を予見することはできないであろう。金融革新が、即座に新たな法律を回避しようとするだろう。それゆえ、法律の穴と新たな抜け道をふさぐことができるよう、頻繁な修正を考えなければなるまい。

業務遂行に関しては、その新たな機関の信頼性と正統性を確立するために、三つの鍵となる原則が保持されるべきである。すなわち、透明性、説明を行なう行為、そして民主主義である。
1．透明性を確保すること。
税収およびその支出に関する情報は、即時かつ容易にアクセス可能な伝達の対象となるべきである。加盟国により徴税規則が尊重されない場合における制裁は、明確で前もって知られているものでなければならない。
2．説明を行なうこと。
その機関は、すべての加盟国のみならず、すべての市民にも説明を行なわなければならない。それを怠ることができないように、説明を行なうことはその機関の設立条約に記載された義務と見なされるべきである。
3．民主主義を確保すること。
業務遂行は、すべての北および南の加盟国の参加と公平な取扱いに基づかなければならない。その新しい機関を既存の諸機関よりも民主的なものにするために、各国政府、各国議会、そして組合や団体による運動の代表者たちが、その運営に当たるべきである。

■適当な機関は既に存在するか？

こうした任務を確実に行ない、これらの基本原則を尊重することができる、一つもしくは複数の国際機関が存在しているだろうか？　その問いは、何よりもまず国際連合自体に、そしてそのさまざまな組織に向けられるが、その一部ではなかったり、あるいは、いわゆる「ブレトンウッズ」の機関のようにその影響力からはみ出したりする、その他の国際機関にも向けられる。

国連はしばしば、通貨取引税の交渉、創設、管理を行なうのに、理想的な枠組みとして挙げられることがある。各国が一票を持っているのだから、世界のすべての国が平等な資格でそのメンバーであって、これは議決権の票数が各国の財政的貢献に比例するというＩＭＦの場合とは対照的である。それゆえ、国連は、より民主的なイメージを享受しており、ＩＭＦや世界銀行に浴びせられる不信感を受けるということはない、というわけである。その見方は、いささか性急で現実の事態を顧みないものである。平和と安全保障の問題を扱う国連の安全保障理事会の存在は、各国が同じ一票を持つという理念を再度大いに疑わしくするものである。常任理事国がそこでの事実上の拒否権を有しているからであり、決定の大部分はあらかじめ舞台裏で行なわれるだけになおさらである。各国が一票のみを有しているということは、十分な保証だとはいえない。ＷＴＯでは同じ原則が現に採られているが、対等な立場で交渉に参加するには財源や専門知識が不足している多くの南の諸国と、事が重大となって決定を下すという段になると内輪だけで閉ざされたところに集まる北の諸国との間では、不均衡が根深いというのはよくわかっている。国連では、G7の諸国があらゆる決定的問題に関してやはり決定的な影響力を行使するのであり、他の諸国の投票を左右するように圧力を及ぼすことができる。米国は、八〇年代には、その分担金を支払わないことで国連を麻痺させることを躊躇しなかったし、この税の採用を阻止するために今一度財政的な脅しをかけることをためらいはしないであろう。こうした困難にもかかわらず、国連、もしくはその構成要素の一つが、通貨取引税の制度的枠組みを提供し得ると想像できるだろうか？

――国連総会は、各国が一票を有するのだから、その権限の下に、この税を創設し、ついで管理するのにアプリオリに適合的な機関であるとして挙げられることが時折ある。問題は、その決定が拘束力を持っていないということである。国連総会は、この税を普遍的なベースで創設するにも、またそれを尊重させるにも、十分なだけの権限を有してはいない。また、国連総会は十分な管理能力も有してはいない。その反面、場合によっては国連総会が、世界規模でこの税を創始する国際条約の交渉および締結の場となるかもしれない。

――経済社会理事会（ECOSOC）は、国連設立憲章によって、経済的および社会的分野での決定を行なう主要機関として創設された。それは、理論上は、専門機関を含め、国連機関によって実施されるすべての経済政策の連携調整を担当する。民主的参加の観点からすると、これは、最も多く南の諸国を含む国連組織の一つであり、組合、NGO、その他国際的および各国組織の協議権を有している。しかし、実際上は、経済社会理事会が、経済政策や社会政策の策定や実施において重要な役割を果たすことにも、また国連諸機関によって企画される活動全体の連携調整を行なうことにさえも、成功したためしはない。国際金融・通貨の問題におけるその関与は、なおいっそう周辺的なものである。

――国連貿易開発会議（ＵＮＣＴＡＤ）は、南の諸国の要求により一九六四年に創設され、総会に直属の主要機関であり、すべての国の代表を含んでいる。ＵＮＣＴＡＤは、何よりもまず南の諸国に関する経済問題の分析と議論の主要な場であるという評判を、過去において獲得してきた。この会議は、国際貿易、金融、投資、そして開発の統合的アプローチを発展させている。その後援により、数多くの国際協定が交渉され採択されてきた。しかし、一次産品に関する協定のように、それらの大部分は死文化したままにとどまってきた。というのも、北の諸国はそれらに調印することを拒否したからであり、そのことでＵＮＣＴＡＤには単なる議論の場であるという評判がもたらされている。この面で、この会議は、世界規模で通貨取引税を創設する国際条約の交渉についての適切な場ではあり得るかもしれない。しかし、ＵＮＣＴＡＤは、通貨取引税を徴収し税収を再分配することを担う機関となるための、技術力と管理運営能力とを有していないのである。

――国連開発計画（ＵＮＤＰ）は、一九六四年に創設され、さまざまな特別基金とプログラムを統合しており、地理的ベースで選ばれた三六の加盟国から成る執行理事会を備えている。ＵＮＤＰは、持続可能な開発や貧困根絶といった政策の構想および実施の分野において、国連で最重要の活動を行なっており、その事務所が設置されている一三〇の南の諸国の政府と協力している。ＵＮＤＰは、ＮＧＯとの協力の長い伝統を持っている。毎年、各国ごとに、一連の統計情報に基づく指数によって人間開発を測定する『人間開発報告書』を発表しており、これは、単なる一人当たり所得よりもはるかに表示力があるものになっている。こうした理由によって、ＵＮＤＰは、諸国間での資金の分配や社会的優先順位の決定において、有益な貢献をなし得るかもしれない。その反面、新たな国際条約の交渉や採択の領域においては、とりわけ金融や税務の分野では、ＵＮＤＰは全く経験を有していない。それゆえ、ＵＮＤＰは、通貨取引税の徴収や不意に現れるかもしれない技術的問題の解決について、制度的枠組みの役割を果たすことはできないであろう。

要するに、国連は、その見かけと異なり、十分な民主的条件も、通貨取引税を管理し分配するのに必要なすべての能力も、提供しはしないのである。その反面、国連は、世界全体において通貨取引税を創設することを狙いとした国際条約についての交渉の場になり得るであろうし、諸国間での資金の分配の領域における協力関係をもたらし得るであろう。

ブレトンウッズの諸機関は、もっと適合的だろうか？

国際通貨基金［ＩＭＦ］と世界銀行は、一九四四年のいわゆる「ブレトンウッズ」協定によって創設された二つの機関である。両機関は、形式上は国連の専門機関であり、毎年国連に活動報告書を提出している。しかし、両機関は、国連に対して事実上の独立性を獲得しており、思い通りに主要な意思決定を行なっている。さらに、ＩＭＦと世界銀行が二〇〇一年三月のモンテレイ開発資金会議に出席することを、国連は大勝利と見なしているという点に注目することは教訓に富んでいる。このことは、この両機関が、どれほどその真の主人であるＧ７諸国、とりわけ米国――というのもＥＵは別な政策を推奨するために協調して影響力を行使しようとしたためしがないからであるが――

への説明を行なう方をより多く習慣にしているかを物語るものである。不幸にもその非効率性や有害性が幾度も実証されたＩＭＦにより課される構造調整政策と、そして、人々の真のニーズからあまりにも頻繁に逸脱し、その意志に反してまでも実施される世界銀行のプログラムとによって引き起こされた、いくつもの経済・社会・環境上の破局のために、この両機関は重大な不信を招いている。

さまざまなＮＧＯ（それらは財政的にこの両機関に依存していない）の間での議論は、かつてはケインズ主義的、そして今日では新自由主義できれいに固められたこの両機関を根本的に改革することが可能か否か、を対象として行なわれている。最終的には開発に積極的な貢献を行なうようにするために、この両機関を改革することはまだ可能であり、適切なのだろうか、それとも、両機関の「老朽化した原子力発電所に関して言うような格下げ」と、新たな基礎上に設立される新たな機関によるその置換えとを要求することは、もはや有益でも有効でもないのだろうか？[30]

筆者は、どちらかといえばこの後者の回答に賛成であるが、この点について展開することは、本書の狙いを越えるものとなろう。ここでは、この二つの機関が、通貨取引税へのあからさまな敵意を別としても、通貨取引税を管理するには適当でないということの理由を強調するにとどめておこう。

ＩＭＦは、一見したところ、国際金融の領域（国際資本移動、為替相場および金利の決定）を専門としており、世界全体にわたる範囲をカバーしている。しかし、ＩＭＦは、各国および国際的な税制の分野を本当に専門としてはおらず、これはその権限を越えている。世界銀行もまた、南の諸国の資金調達の観点から国際金融を分析するのであるが、やはり税制に関しては技術的専門性を持たず、この領域での正統性も有していない。国連モンテレイ会議への準備文書（前掲［注10参照］、p.65-66）もこの点を強調して、国際的税制に関する最低限の協力と規制を確保することを担う、国際税務機関［International Tax Organization］の創設を提案したのであった。

ＩＭＦと世界銀行は、反民主的な運営によっても特徴づけられるのであり、このため北の諸国と南の諸国との間の平等を確保するという適格性に欠けると判断されるのである。最も豊かな諸国は、それ自身として執行機関に代表が出ているのに対し、その他すべての諸国は地域ごとにまとまって一人の代表を指名しなければならず、これはしばしば各地域における最強国の出身者である。議決権は各国の財政的貢献に比例する。一例だけを挙げると、アフリカの二一ヵ国とセーシェルは、一名の理事によって代表され、有する議決権は、世界銀行では四・〇七％、ＩＭＦでは二％である。両機関では、総裁は選挙されるのではなく、豊かな諸国によって指名されている。

両機関は、最近、透明性に関して進歩を遂げ、独立した評価機関が備えられた。しかし、ＮＧＯや組合の参加は協議の段階を越えず、経営者代表などいくつかのものが、他のものより多くなっている。だが、決定を下すことへの参加は、考えられていない。

こうした理由全体により、ＩＭＦと世界銀行は、この税の管理にふさわしい機関ではあり得ない。国際決済銀行（ＢＩＳ）は、最後に挙げられる重要な国際機関である。これは一九三〇年に、ドイツの戦争賠償金の支払を容易にするために創設されたもので、最も古い国際金融機関である。これは、基本的には豊かな諸国中央銀行の連絡調整センターである。ＢＩＳは、国際資本市場に関する重要な統計情報を作成している。ＢＩＳは、その出資持分が加盟四九ヵ国の中央銀行によって保有されている銀行であり、それらの中央銀行は見返りに総会での議決権を有している。ＢＩＳは、銀行として、金融危機の際には、一九八二年のメキシコや一九九八年のブラジルのように、困難に陥っている諸国の金融的救済に参加すべく行動を起こす。しかし、ＢＩＳは、一定の国際為替協定における銀行業務上の代理人としても行動する。たとえば、ＢＩＳは、ユーロに先立つ欧州通貨制度（ＥＭＳ、一九七九〜一九九四年）の時期に、ヨーロッパ諸国の中央銀行間の一定の取引を実行する役目を担っていた。ＢＩＳは、金融と銀行に関する規範（たとえばクック・レシオ［自己資本比率。バーゼル銀行監督委員会議長だった W.P. Cooke に由来］など）の策定の重要な場であって、その規範を各国が続いて国内法に組み込んでいくことになるのである。最後に、ＢＩＳは、金融取引の決済／引渡しシステムの統一という重要な役割を果たしており、このことは次章で見るように、特に通貨取引税の実際の施行にとって重要である。ＢＩＳのメンバーは毎月、経済政策および銀行・金融規制について話し合うために、非公開の会合を開いている。

ＢＩＳは、国際金融の業務、とりわけ為替市場の領域では最善の専門知識を有する国際機関であり、その面で税の徴収にとって貴重な技術的協力を提供することができるであろう。しかし、その短所として、世界のすべての国を結集するものではないということ、とりわけシンガポールや香港のように重要な金融市場を数える南の諸国についてそうだということがある。その上、ＢＩＳが結集する機関、すなわち中央銀行は、各国財務省とは異なり、形式上政府から独立しているものである。このことは、民主主義の問題を激化する。というのも、財務省はその国の政府を代表するものであるので、政治的決定機関だからである。最後に、この機関が、何の能力も持っていない開発の問題について、市民社会の代表と協同して働くなどということは想像しがたい。その反面、ＢＩＳは、通貨取引税を徴収する役目を担う機関に対して、国際金融の仕組みの領域における専門知識を提供することはできるであろう。

最終的に、いかなる既存の機関も、必要な三つの基本任務――すなわち、国際条約の交渉、税の実施に必要な技術的な規準の定義づけ、そして諸国間での税収の分配――を果たすことを可能とする能力すべてを有してはいないということが確認される。この理由により、国際条約に基づいて新たな機関を創設することが、より適切であると思われる。その国際条約は、通貨取引税が一挙に世界規模で日の目を見るのであれば国連総会で交渉されるかもしれないし、通貨取引税が最初は先導的な諸国グループによって創設されるのであれば直接諸国間で交渉されるかもしれない。もしこの税がＥＵ（欧州連合）によって創設されるのであれば、その諸機関が条約交渉を行なうのに利用されるかもしれない。新たな機関は、「持続可能な開発のための連帯基金」（ＦＳＤＤ）と名付けることができるであろうが、その後は、税の徴収の技術的側面に関することすべてについてはＢＩＳと協力し、資金の分配に関することについてはＵＮＣＴＡＤおよびＵＮＤＰと協力して作業することができよう。しかし、いずれにしても、新たな機関は、あらゆる既存の国際機関から独立したままでいるべきであろう。この税が全世界規模に拡大されない限りは、また、北の諸国に対する真の独立と南北諸国の真の平等という方向で国連が改革されない限りは、国連を含めて、ということになる。通貨取引税がＥＵ主導で創設され、しかし米国の参加はないとすれば、米国が決定的な影響力を行使し得る国連の機関にその管理をＥＵが託すということは想像し難い。

■新たな国際機関（ＦＳＤＤ）の構造

国際的規模でグローバルな税を管理する役目を担当する、まだ存在しない機関の輪郭を想像することは、「空想政治小説」の課題である。しかしながら、通貨取引税に反対して唱えられる批判の中では、その管理を担当する機関の性格に関するものが、しばしば持ち出されてくる。それゆえ、こうした課題に励むことも、我々には有益であるように思われる。その具体的活動と権限領域については独自な計画を提唱するとしても、部分的には、とりわけ新たな機関の内部構造に関しては、この税の支持者たちによって著されたいくつかの著作から着想を得ることができよう。これらの著作の多数と我々が共通している点は、その将来の機関が二つの基本組織から構成されるだろうということである。一つは諸国理事会という形をとる執行組織、もう一つは民主的総会という形をとった立法組織である(31)。ヘイッキ・パトメキとリーフェン・Ａ・デニスによれば、この二つの組織は次のような性格を帯びることになろう――

――諸国理事会は、通貨取引税を創設する国際条約の締約国代表者によって構成される。理事会は、条約を適用すること、すなわち、締約国による税の適用と資金の徴収を監視すること、係争もしくは困難に際してその解釈を明確にすること、および、資金の徴収に基づいて予算を編成することを任務とする。各国は、その人口規模に見合った議決権を有することになる。非常に多数の人口をもつ国（たとえば、インドやブラジル）は三票、中間の人口をもつ国は二票、わずかな人口の国は一票の議決権を持つ。重要な決定は三分の二の多数決で、通常の決定は単純な多数決で行なわれる。理事会はその職務において、常設事務局によって補佐され、この事務局はそれ以外に、以下の諸領域における金融市場での革新に合わせていくことを任務とする。すなわち――為替取引に影響を及ぼす新しい金融商品の創出、銀行および金融機関の間での通信手段の進化、為替取引の決済手段の進化――といった諸領域である。これは、その目的としては、市場の革新に応じて条約を進化させるということである。事務局は、理事会に対して責任を負う。事務局は、隔年ごとの活動報告書を公表し、民主的総会による承認を受けなければならない。

民主的総会は、諸国理事会を監督することを可能にする固有の権限を有し、理事会はその活動を総会に報告する。総会は、特に、条約を修正し、理事会により提出された予算を議決する権限を有する。理事会は、総会によって修正・議決された予算を施行する義務を負う。総会は、諸国家の代表、民主的に選挙で選ばれた各国議会の代表、ＮＧＯおよび組合の代表から構成される。各国政府はそれぞれ一名の代表を出す権利をもつ。各国議会は、その人口規模に応じて、一～五名の代表を出す権利をもつ。ＮＧＯと組合は、国家と議会の代表者数の四分の三に等しい数の代表を出す権利をもつ。ＮＧＯと組合はあらかじめ定められたリストの中から、抽籤で選ばれることになる。というのも、選挙では選ばれず、民主的投票の正統性を誇ることができない「市民社会」の代表を選ぶには、それが最も恣意的でない方法だからである。抽籤は、南の組合およびNGOの代表に多数を保証するようなものでなければならないであろう。リストに登載されるには、候補となる組合およびNGOが自国政府や国際機関から特に財政面で独立しており、また、資金提供を受ける可能性がある領域における真の活動の証拠があるということを確認するために、認証手続（書面およびヒアリングに基づく）が行なわれることになる。認証はされたが、抽籤で選ばれなかったNGOと組合は、地方公共団体（地域的な公共団体、市町村）とともに、FSDDに直接提案を出す権利を持つ。

■予算審議は何を対象とすべきか？

我々の見解では、新たな機関は基本的に国際的プログラム（為替準備基金、エコロジー上および社会的なプログラム）について、その目的、その優先順位の度合い、そしてまた、その資金調達の費用について、審議するべきであろう。各国開発プログラムに関しては、この機関の役割は、各国に帰属する資金の割合を決定することであろう。各国プログラムそれぞれの内容は、その国自身によって策定されるところとなり、FSDDは、提出された開発計画がその設立条約の全般的目的および主要な国際条約（国連の世界的人権憲章、性の不平等の削減、ILOの労働についての基本原則、国際環境法、など）に合致していることを確認することに限定されるのである。

■いかなる原則に基づいて資金を分配すべきか？

FSDDの業務遂行のみならず、資金割当の基準としても、民主主義が決定的な役割を果たすべきである。各国は、その人口規模と、国連開発計画（ＵＮＤＰ）により毎年計算される指数で見た人間開発（コラム参照）――これには男女の不平等をより良く把握するために改良を加えることができようが――の面でのそのランクとに見合った、資金の配分額を受け取ることになるであろう。一般的な考え方は、出発点では、ある国が「人間貧困指数」で見たランクが劣悪であればあるほど、それだけ多額の資金配分額を割り当てられることになる、というものである。この配分額は、性の平等を考慮したジェンダー開発指数（ＧＤＩ）で測った平均向上度の達成に応じて増額しうることになろう。あるいは、いかなる向上も達成されていなければ、ＦＳＤＤによる警告および当該国との交渉の後に、減額することもあり得る。確かに、非常に貧しく、社会的およびジェンダーによる不平等が非常に大きい国が、そのことが変わるように全く努力せず、分配された資金を無駄遣いしていても、たくさんの資金を受け取り続けるというのは不当なことであろう。最悪の場合は、数年経つと、その国はもはや資金を受け取らないことになり、そのときその資金は取っておく積立金とされるか、それを必要としていて進歩している諸国に分配されるかすることになる。この手続は、資金が有効に使われない諸国に、何の見込みもなく資金提供するのを回避することを狙いとするも

ＵＮＤＰ〔国連開発計画〕の人間開発指数

――人間開発指数（ＨＤＩ：Human Development Index）は、合成指数を用いて人間開発の基本的諸側面での全般的向上を測定し、それにより諸国間のランク付けを行なうために、一九九

〇年以来毎年計算されている。HDIは、人間開発の基本的分野――すなわち、平均余命、教育水準、生活水準――における平均的向上度を計測する。

――人間貧困指数（HPI：Human Poverty Index）は、上記の三分野における不足と欠落に関心を集中する。

――ジェンダー開発指数（GDI：Gender-related Development Index）は、HDIと同じ諸側面での平均的向上を評価するが、男女間での不平等を考慮に入れて結果を修正するものである。この不平等が大きければ大きいほど、HDIでは良好とランクされる国もGDIでは劣悪とランクされることになる。

――ジェンダー・エンパワーメント指数（GEM：Gender Empowerment Measure）は、経済上および政治上の参加と意思決定についての基軸分野における男女間の格差を表わすものである。これは、既にGDIで測られている女性の能力よりも、むしろ女性に開かれている機会に関心を集中する。三つの分野が考慮に入る。（1）経営陣や管理職の役職に従事する女性の比率。（2）技術職や自由業や管理職の職業に従事する女性の比率。（3）議員の職に就いている［女性の］比率。

出所：UNDP、『人間開発報告書』、一九九九年版による［原著で用いられている仏語版と用語の呼び方に若干の差違があるが、英語版に依拠した訳語に置き換えてある］。

のであって、決して見境なく行なわれる仕組みではなく、ＦＳＤＤと当該国との間での恒常的な政治的対話を通して行なわれることとなろう。同様の精神に基づいて、一国がエコロジーの分野でどの水準に位置し、どれだけの向上を達成しているかを測ることを可能にするような、環境に関する指数もまた作成しなければならないであろう。毎年の報告書において一七四ヵ国を対象にした「環境破壊バランスシート」に関する統計を発表しているＵＮＤＰが、この指数を作成することができよう。社会・人間の領域の場合と同様に、エコロジー面で劣悪だとランクされた国は多大な配分額を受け取り、確認された向上および後退に応じて増減できるようにするのである。

それゆえ、ＦＳＤＤの役割は、国際的プログラムの策定とその資金調達において決定的に重要となろうが、一国的な持続可能な開発プログラムの資金調達に関する各国の取り分決定においてもまたそうであろう。これに反して、ＦＳＤＤは、こうした各国プログラムの内容を自ら規定する権限は持たないことになろう。

■各国開発プログラムをいかにして策定すべきか？

実際、世界銀行のやり方と手を切って、本当に人々のニーズに応ずる開発プログラムを目指そうと思うのであれば、最善の方法は、その人々がこのプログラムを策定し、自ら優先順位を決定することである。それゆえにこそ、われわれが提唱する案では、人権の尊重と政治的民主主義の実行が中心的な役割を果たすのである。民主主義の実行は、収入が社会的およびエコロジー上の目的に向けられ、それ以外の目的（たとえば、兵器の購入、票の買収、恩顧主義［クライエンテリズム：縁故による利権分配の政治などを指す］の風習）に流用されたり汚職のもととなったりしないということを保証する唯一の方法である。

可能であれば理想的なのは、ブラジルのポルトアレグレ市において試みられた参加型予算の方式に従って、資金の正確な使い方が、各国において国民投票によって決定されるということである。この方式では、人々は、ある場合は直接に、またある場合は組合やＮＧＯを通じて、種々の地方議会で選出された政治責任者たちとの対話に参加する。目標は、予算の透明性を確立し、優先的な支出を決定することである。それゆえ、政党と議員は、優先順位の決定におけるステークホルダー［利害関係者］である(32)。通貨取引税の税収についても、支出が社会的およびエコロジー関連の領域に関するものであるからには、国ごとの嗜好と伝統に合わせた仕方で、同様にすることができよう。そのようにして、各国に割り当てられた税収は、国民投票の対象にすることも、あるいは、地域レベル、さらには市町村レベルに分権化して、これらのレベルでの住民投票の対象にすることもできる。全国レベルと地方レベルの間のあらゆる組合せが考えられる。この方式は、ポルトアレグレおよびリオグランデ・ド・スール州で試みられている参加型予算のやり方から着想を得ているものであるが、民主主義に決定的な位置づけを与えている。

現地の住民がその選択を表明することができるほどまで人権と民主主義の実行とが十分に尊重されていないときには、可能ならば現地の住民の代表者たちとともに、ケースバイケースで税収の分配の可能性を査定することはＦＳＳＤの役割に属する。ありがちなエスノセントリズム［自民族中心主義］という多くの危険に鑑みればこの問題は微妙であるが、それでもなお、判断を下す方法は存在する。人権についての各国および国際的な組織の報告に基づいたり、現地の組合、団体、NGOの代表者たちからヒアリングをしたり、評価調査団を現地に派遣したりすることによってである。目標は、何としても一国に割り当てられた資金を分配しようとすることではなく、この資金の全部または一部が当該住民に利益をもたらし得るようにする方法が存在するかどうかを具体的に確認することでなければならない。いろいろな種類の具体的状況が存在する。権威主義的、さらには独裁的な政府によって率いられている国においても、地方の公共団体もしくは共同体、あるいは現場で行動しているNGOに資金を届けることが時として可能である。資金を当該住民に届けるいかなる方法も存在しないのであれば、その資金は特別基金のうちに積み立てておくべきであり、最低限の民主的条件が確立されたときにはすぐさま利用できることになろう。もう一度繰り返すことになるが、この税の収入は、流用されたり汚職のもととなったりしてはならない。税収を有益に使うことを可能にするような最低限の保証が存在しないのであれば、そのときはそれを払い出すのを差し控えるほうが良い。二〇〇二年二月、ポルトアレグレでの第二回「世界社会フォーラム」の枠内でATTACフランスにより開催された、通貨取引税と開発資金調達についてのセミナーの際、あるブラジルの参加者は、開発援助がある種の政治家たちの恩顧主義的風習やさらには選挙の際の票の買収のもととなるときには、どれほどそれが破壊的となりうるかを強調していた。

民主主義を中心に据えた資金の分配というこの構想は、おそらく最もユートピア的なものでもあろうが、しかし、過去の伝統的な開発援助の失敗を肝に銘ずることを可能にする唯一のものである。国際機関により資金が賄われる社会政策の内容は、しばしば、当該住民との協議なしに決定され、

「上から」押し付けられる。同じポルトアレグレのセミナーの際、あるアルゼンチン北部出身の教員は、世界銀行がこの地域のアルゼンチン人たちにいかにアフリカの若者たちのために構想された教育プログラムを押し付けているかを説明していた。実際、エコロジーの領域における優先順位や構想もまた、北の諸国と南の諸国とで同じではない。グローバル・タックスから生ずる新たな財源は、開発政策を完全に一新し、失敗をもたらすこうした慣行と手を切る機会となるべきである。

プロジェクトの策定、最終目的、実施における民主的統制というこの要求は、ＦＳＤＤという資金の分配の役目を担う機関それ自体にも当てはまる。

実際に想定されるのは、ＦＳＤＤが、国連の世界人権憲章や国際労働機関［ＩＬＯ］により規定された労働の基本原則を尊重する諸国政府の代表者だけしか、その中に迎え入れないということである。こうした権利の真の尊重についてもまた、国際的人権組織の報告を用いて査定することができる。そうでなければ、通貨取引税がここまで述べてきた民主主義の基準に従って配分されることを可能にするような必要不可欠のルールを、どうして独裁者が尊重するなどということがありうるかわからなくなる。最終的に、ある国がこの国際機関に参加するかどうかは、当該国から独立した組合およびＮＧＯの代表者による査定に服することになろう。

ここまで提案してきた多くの要求を課すルールにもかかわらず、われわれは、いかなる資金の流用も起こらず、汚職の危険は断じて取り除かれており、また、資金を賄われるプロジェクトはすべて有益で効率的なものになるということを保証する制度案を提示している、などと主張するものではない。すべての予想される問題に、また、ましてやまだ思ってもみない問題に、あらかじめ解決策を予見することは不可能である。しかし、ものごとの現状を変えようとするときには、いつもそうしたものではないだろうか？　少なくとも、開発援助に関する過去の誤りの経験は、すべきでないことがわかるので、有益であろう。他方では、通貨取引税は自由主義に対する政治的勝利に基づいてしか日の目を見ないのであり、その勝利は民主主義の拡大を可能にするものであろう。それゆえ、現地での優先順位の決定、エコロジー、教育、公衆衛生、その他についての政策の内容は、今日よりもずっと良い状況の下で、さらに熟慮を重ね、解決することができるであろう。

補論

■脱税および租税回避に関する仮説

［上記表参照］

■税収の計算例

税率水準につれて増加する脱税および租税回避

税率水準, %	脱税と租税回避の比率	D.フェリックス（2001）の仮説
0.25%	50%	20%
0.1%	20%	10%
0.05%	10%	5 %
0.02%	2 %	不明
0.01%	0.4%	不明

経済財政産業省の仮説＝20%。

二〇〇一年における為替市場の取引総額は三二一・五兆ドルである。税を免除されることになる一〇%の公的取引を差し引く。すると、残るのは二八九・四兆ドルである。初期の取引費用が〇・〇二%で、税水準もやはり〇・〇二%という場合を取ろう。すると、取引費用は一〇〇%上昇する。この場合、脱税は二%と推計される（前ページの表を参照）。すると、残るのは二八三・六*兆ドルである。弾力性がマイナス〇・五という仮説を採用するならば、弾力性効果は一〇〇%×〇・五＝五〇%となる。それゆえ、二八三・六*兆を二で割ると、一四一・八*兆ドルが残る。そこで、〇・〇二%という課税率を当てはめると、一四一・八*×〇・〇〇〇二*＝〇・〇二八三六*兆ドル、つまり二八三億ドルとなり、結果を示す表［八九ページ］では、これを一〇億ドル単位で二八と概数化してある。

［注］

（1） 彼の次の論考を参照せよ。“Taxation du capital, fisclité et mondialisation. Quel role pour l'Union européen?”, in *Taxer les tansactions financiers: la taxe Tobin en Europe — Le Débat*, Actes des “Premières rencontres interparlementaires sur la taxe Tobin”, 28 juin 2000, Parlement europen, Bruxelles.［「資本の課税、税制およびグローバル化――EUにとっていかなる役割を果たすか」『金融取引への課税：ヨーロッパにおけるトービン税――討議』、〃トービン税についての第一回諸国議会間会合〃の議事録、二〇〇〇年六月二八日、欧州議会］

（2） 二〇〇〇年には、北欧の四ヵ国だけが、目標を達成もしくは超過している。すなわち、デンマーク（一・〇六%）、オランダ（〇・八四%）、スウェーデンおよびノルウェー（〇・八〇%）である。

資料：OECD：www.oecd.org

（3）米国は公式には一度もその点について約束をしてこなかったことに、注意すべきである。米国は少なくとも率直さという長所は有している。

★［訳注］一九九九年一二月一二日、フランス北部ダンケルクからイタリアに向かう途中だったタンカー「エリカ」号が沈没した事件。エリカ号は、事故当時マルタ船籍。船主はナポリの取次業者からギリシャの有力海運業者が名義を借りていたのを、フランス企業トタルフィナがチャーターしたという錯綜した事情にあった。トタルフィナのデマレ会長は、事故処理と補償の責任は船主が持つと規定した国際法を盾にとって、当初その責任を否定しようとしたが、世論に押されて翌年一月五日、重油吸上げ費用四億フラン、周辺被害地域への支援一億フラン、廃棄物の処分費用二〇〇〇万フランを負担すると発表した（『ル・モンド・ディプロマティーク』二〇〇二年二月、「無法地帯を遊泳する国際海運業者」http://www.diplo.jp/articles00/0002-3.html 参照）。トタルフィナ社（TotalFina）は、仏石油大手トタル社がベルギーのペトロフィナ社と合併して一九九九年に成立、翌年、元国有企業エルフ・アキテーヌ社との合併を経て、二〇〇三年トタルに社名変更している。

★★［訳注］二〇〇一年九月二一日、フランス南部トゥールーズ市近郊にある化学肥料工場で爆発があり、労働者と周辺住民を含め、死者三一名、負傷者は二〇〇〇人以上に昇るという大惨事となった。AZF（Azote de France）は、トタル・グループ企業の一つで肥料大手のグランドパロワス社のブランド名である。

（4）非常に得るところが多く、適切な表題の論文「自由主義的な新憲法」において、S・ジルにより引用されている。S. Gill, "La nouvelle constitution libérale", *L'Économie politique*, n° 2, 2e trimestre 1999.

（5）経済財政産業省によれば、顧客に請求される手数料は、〇・一％であろうとされる（MEFI, *Rapport sur la taxation des operations de change, la régulation des mouvements de capitaux et sur les conséquences de la concurrence fiscale entre les États*, 2000, http://www.minefi.gouv.fr/pole_ecofin/international/institutions/dptaxtobin.htm のサイトで閲読可能)。他の推計によれば、それは一〇〇万ドルを上回る額については〇・二%、数万ドル程度については〇・五%にもなるであろうとされる(P. Fontaine, *Gestion du risque de change*, pp.18 et 21, Economica, coll. «Poche», 1996)。

(6) 為替レートの有名な専門家でトービン税の支持者とは名乗っていない経済学者、J・フランケルは、共同執筆の標準参考図書(前掲)において、先入観なしにトービン税を研究することを担当して、弾力性の値に関するあらゆる仮説が恣意的なものであるということに注意を促している。彼は、二〇%の租税回避、〇・一%の税、〇・一%の取引費用という仮説を採用して、マイナス〇・三二という弾力性が適当であると推計している。経済財政産業省によれば、マイナス一・五という弾力性は「非現実的」と判断され、「中心的シナリオ」としてマイナス一という弾力性を採用している。

(7) 一兆(トリリオン)=一〇〇〇×一〇億。[トリリオンは、いわゆるヨーロッパシステムでは一〇〇京(10^{18})、アメリカシステムでは兆(10^{12})を指すため、混乱を避けるための注記]

(8) 空欄は市場取引の完全な消滅状態に対応しており、これは弾力性が微弱なとき(マイナス〇・三二)には三回しか生じないが、弾力性が非常に強大なとき(マイナス一・五)には一二回生じている。

(9) UNESCO, *Des faits et des chiffres*, 2000, Institut de la statistique. www.unesco.org [UNESCO Institut for Statistics, "Facts and Figures 2000", p.22, http://www.uis.unesco.org/ev_fr.php?ID=3830_201&ID2=DO_TOPIC]

(10) "High Level Panel on Financing for Development-Recommendations and Technical Report", UN, A/55/1000, 二〇〇一年六月二六日B [pp.50-51] http://www.un.org/esa/ffd/ODA-Sub-index-.htm

(11) この問題については、次の共同著作を参照。Éric Toussain & Arnaud Zachari, dir., *La Bateau ivre de la mondialisation*, Éditions CADTM/Syllepse, Paris, 2000.

(12) たとえば、公共の照明の個人による「消費」は、その隣人によるそれを減少させもしないし、排除することもできない。しかし、多数の中間的なケースが存在する。有料のテレビ放送(ケーブルテレビやデコーダー)は、その消費によって他者の消費を減少させることはないので、競合性のない財であるが、料金を払う人々だけが利用できるものなので、排除性がある。こうした財は、時に「クラブ財」と呼ばれることがある。H. R. Varian, *Analyse microéconomique*, éditions De Boeck Université, Bruxelles, 1995, pp.419-420. 参照。

(13) しかし、汚染や、道路網や通信網の混雑などのように、集団的なマイナスの効果を発生させる「公共の害悪」もまた存在する(やはり経済学者たちによって外部不経済と呼ばれる)。その場合に集団的なプラスの効果を発生させるには、汚染や混雑を減少させなければならない。

(14) この解決策は、すでに一九六〇年から、ノーベル経済学賞受賞者で、所有権の唱道者であるR・コースによって提案されていた[ロナルド・H・コースの一九六〇年の論文「社会的費用の問題」(宮沢健一・後藤晃・藤垣芳文訳『企業・市場・法』東洋経済新報社、一九九二年、第六章、所収)など]。この解決策は、あらゆる人間的問題を解決するためには(国家の援助を受けて)市場を創設するということに導くものである。これは実際には誤った解決策である。なぜなら、市民が清浄な水を享受する権利を買うのに高い価格を支払う気を起こすように、企業は最大限まで汚染することが利益となるからである。しかしながら、汚染する権利の市場取引という原理は、勢力を拡大している。というのも、この原理が、温暖化効果ガス削減に関する京都議定書(一九九七年)の「一大新機軸」を成しているからである。それはEU(欧州連合)およびフランスによって承認されている。

(15) この点で、金融的不安定性は、公共悪である。なぜなら、それは非競合性および非排除性の基準を満たすからである。

(16) この観点からすれば、通貨取引税は、ピグー税と共通点をもつ。ピグー税とは、一九二〇年にその提案をしたイギリスの経済学者の名をとったものである。

(17) I. Kaul, I. Grunberg, M.A. Stern (editors), *Global Public Goods: International Cooperation in the 21st Century*, Oxford University Press, Oxforde, 1999, を参照。［インゲ・カール、イザベル・グルンベルグ、マーク・A・スターン編、ＦＡＳＩＤ国際開発研究センター（抄訳）『地球公共財――グローバル時代の新しい課題』日本経済新聞社、一九九九年］とりわけ、第一章 “Defining Global Public Goods”, p.10-16. [「地球公共財を定義する」、抄訳、三七～四四ページ]

(18) Philippe Demenet, “La scandal stavudine. Ces profiteurs du sida”, *Le Monde diplomatique*, février 2002. [「スタブジン・スキャンダル――エイズで儲ける者たち」『ル・モンド・ディプロマティーク』二〇〇二年二月]

(19) ユネスコの後援を受け、国連経済社会理事会において開催された「人間開発のための情報および情報科学への普遍的アクセスに関するパネル」二〇〇〇年五月一〇日、ニューヨーク、を参照。UN-ESCO/CII/INF draft 20 1 2000.

(20) Michael Flitner, “Biodiversity: of Local Commons and Global Commodities”, in: Michael Goldman, ed., *Privatizing Nature: Political Struggle for the Global Commons*, Pluto Press/ Transnational Institute, 1998.

(21) P. Hugon et Jean-Jacques Gabas, “Les biens publics mondiaux et la cooperation internationale”, *L'Économie politique*, n° 12, 4e trimestre 2001.

(22) 引用した数字はすべて、既に言及した国連事務総長により任命されたハイレベル専門家パネルの報告書からのものである。ここで再掲はできないが、そこには、補足的参考文献がすべて見いだされる。

★★★［訳注］ “Technical note No.3: Existing proposals for innovative sources of finance”, UN, A/AC. 257/27/Add.3, Sept. 20, 2001. http://www.un.org/esa/ffd/aac257-27a3.pdf

(23) この観念は、*Critique internationale*, n° 10, janvier 2001, Paris, において、フランスの開発援助の責任者、ジャン＝ミシェル・セヴェリノによって正当化されている。

(24) 「万人のための基礎的サービス？」、ユニセフ・イノチェンティ研究センター報告書、http://www.unicef.org/ [Santosh Mehrotra, Jan Vandemoortele and Enrique Delamonica, "Basic Services for All?: Public Spending and the Social Dimensions of Poverty", UNICEF Innocenti Research Centre, 2000]

(25) 国連開発計画『人間開発報告書二〇〇〇年版』。特に「概観」九ページ、および四章「貧困と闘う手段を与えるための諸権利」七九ページ、参照。ATTACフランスのサイト http://www.attac.org で閲読可能［英語版は、*Human Development Report 2000*, http://hdr.undp.org/reports/global/2000/en/］

(26) その研究の要約は、国連 International Press Service (IPS), vol. 10, n° 4, pp.4-5 における「ミレニアム目標達成に必要な七六〇億ドル」（"76 billion $ needed to achieve Millennium Goals"）と題する記事に見いだされる。http://www.ipsdailyjournal.org で入手可能。この推計は開発資金会議への準備文書でも再び取られている。"High Level Panel on Financing for Development-Recommendations and Technical Report", 国連、A/55/1000, 二〇〇一年六月二六日。http://www.un.org/esa/ffd/ODA-Sub-index-.htm [pp.68-72]

(27) M・ボネにより採録されたアシュルの物語を参照せよ。インドの一二歳の子供アシュルは、父親が長年スレートの粉塵を吸ったことから病気になった後、家族を養うためスレート採掘場労働者として働いている。「ここではみんな似たようなものだよ。七、八年働いて、病気になって、それでおしまいさ。治りはしないんだ」。スレート（石盤）は何百万ものインドの幼い学童たちによって使用されている。M. Bonnet, *Regards sur les enfants travailleurs*, coll. «Cahiers libres», Éditions Page Deux, Genève, 1998［ミシェル・ボネ『働く子どもたちへのまなざし』堀田一陽訳、社会評論社、二〇〇〇年］

(28) 第3章で、各国ベースでの徴税方式を詳細に分析することになる。

(29) ここでは、イギリスにおける通貨取引税推進のキャンペーンを、ニュー・エコノミックス財団と提携してリードしている、英NGOの「ウォー・オン・ウォント」(War on Want)により作成された報告書のアプローチを引き継いでいるが、その内容は必ずしもそうではない。この研究は、"The Robin Hood Tax" と題されている。http://www.waronwant.org

(30) NGO「フォーカス・オン・ザ・グローバル・サウス」(Focus on the Global South)の理事であるウォールデン・ベローの論稿「構造調整計画——誰のための成功か?-」を参照。Walden Bello, "Les plans d'ajustement structurel: Un success pour qui?" in: Edward Goldsmith et Jerry Mander (dir.), *Le Procès de la mondialisation*, Fayard, 2001* [原書は、Walden Bello, "Structural Adjustment Programs: 'Success' for Whom?", in: Jerry Mander and Edward Goldsmith (eds.), *The Case Against the Global Economy: And For a Turn toward the Local*, Sierra Club Books, 1996. 本書には抄訳、小南祐一郎・塚本しづ香訳『グローバル経済が世界を破壊する』朝日新聞社、二〇〇〇年、があるが、該当部分は収録されていない]

(31) すでに言及したNGO "War on Want" の報告書以外では、最も完成度の高い案は、ノッティンガム・トレント大学(イギリス)パトメキ教授(国際経済/政治学、Heikki Patomäki, heikki@nigd.u-net.com)とブリュッセル自由大学(ベルギー)デニス教授(欧州/国際税法、Lieven A. Denys, ldenys@vub.ac.be)のものである。両名は、二〇〇二年一月二四日に完成版が出された「通貨取引税条約」案の作成者である。

(32) たとえば、ポルトアレグレで開催された第二回「世界社会フォーラム」の間に、兵器の売却禁止から生ずる資金の使途を、可能な六つの選択肢の中から選ぶという、象徴的な投票が行なわれた。

第3章　通貨取引税は技術的に実行可能である

諸国政府は、通貨取引税に「好意的」な考えをもつにせよ有害だと考えるにせよ、この税が技術的および政治的次元で実現不能だと宣告することでは一致している。最も重要な批判は、次のようなものである。

1．タックス・ヘイヴンとオフショア市場によって、この税を容易に逃れることが可能になるであろう。

2．金融工学によって、為替市場における取引を避け、それゆえこの税を回避することを可能にする、新しい金融商品を容易に作り出すことができるであろう。相対《あいたい》で取引される派生商品の場合は、特にそうである。

3．あらゆる租税と同様に、この税は、高くつく官僚主義化と汚職行為を誘発するであろう。

これらの批判に答えるには、我々はいまや、為替市場の具体的機能から発してこの税がどのように徴収されうるのかを明確にしなければならない。

為替の取引は、通商上の交換と同様に、異なる三つの地理的な場所を指し示す三段階で構成される。

為替取引の三つの地点

1．売買をするためには、まず、連絡をとらなければならない。為替トレーダーは、電話や、そして次第に多くが自分のコンピューターを使って、別な為替トレーダーと接触し、ある通貨を別の通貨に対していくらで買ったり売ったりするかを尋ねる。ひとたび相場がわかると、呼び出しをしたトレーダーは一定量を買ったり売ったりすることを決定する。この第一段階は、取引の交渉にかかわるものであるが、特定の場所で繰り広げられる。すなわち、為替の卸売市場へのアクセスを有する大銀行のトレーディングルーム（trading room）である。そこで、取引の交渉が行なわれるときに税を徴収することが考えられる。

2．交渉がなされた後、為替取引は、取引を実行した銀行の帳簿に記録される。この銀行は世界のどこにあっても構わない。というのも、為替の卸売市場にアクセスを有する銀行というのは、非常に多くの国に子会社をもつ多国籍企業だからである。それでもやはりこれらの多国籍銀行は、連結会計報告を作成するために、子会社において実行されたあらゆる活動を親会社の会計に集中する義務がある。この会計記録の場所（記帳地 booking site）は、特定の国（往々にして銀行の本社がある所）に位置する。そこで、本社の会計上の申告から、銀行に税を課することが考えられる。

3．取引の最終段階は決済であり、商品の引渡しにもなぞらえられるものである。たとえば直物取引の場合は、二日後に決済が行なわれる。硬貨や紙幣のいかなる物理的移転もなく、完全に電算化された一式の記帳があるだけであるという意味で、決済は完全に非物質化されている。それは、インターネットにもなぞらえることができるが、遥かにセキュリティを備えた内輪の通信ネットワークを用いて行なわれ、そのアクセスは正規に登録された大銀行と各国の中央銀行に限られる。為替は世界のどの国でも買うことができるが、その引渡しは常に特定の国で行なわれる。そこで、決済地（settlement site）で徴収することが可能である。

これら三つの可能性それぞれの長所と短所はいかなるものであろうか？

会計地において税を徴収するか？

第二の可能性、すなわち連結会計の記録地に関する可能性を検討することから始めよう。一見して、実行に移すのに最も簡単な解答であると思われるかもしれない。というのも、大銀行の数は減少する傾向にあり、そして銀行はその勘定の管理をただ一つの地点にますます集中する傾向があるからだ。しかし、実際には、それは最も間違った解答である。というのも、集中された会計の責任を負う本社所在地の場所を世界のどこに定めることも、非常に容易であるからである。通貨取引税を適用しない国、さらにはタックス・ヘイヴンに会計記録地を移動させることには、ほとんど費用を要しない。すべての国で通貨取引税を創設する世界的条約が存在しないもとでは、会計記録地で課税する可能性は退けなければならない。

交渉地において税を徴収するか？

J・トービンは、P・ケネンのあとを受けて[1]、税が為替契約の交渉地で徴収されるということを考えている。第一の利点は、トレーディングルームが地理的な面でより分散的だということである。銀行が為替取引を実行しているすべての国に、それは存在している。理想としては、すべての国が同時にこの税を採用するのであれば、最大の地理的範囲がカバーできるであろう。第二の利点は、銀行のトレーディングルームを移転するには非常に費用がかさむということである。より少ない費用で為替を売買することは、すべての国、すべての都市があわせもつことはできない諸条件の全体によって決定されている。その第一のものは地理的位置であり、それによって世界標準時における位置が決定されている。しばしば出会うことがあるのは、金融的グローバル化が大いに進んだので、もはや一日二四時間絶え間なく機能するただ一つの金融世界市場しかないのだ、という考え方である。こうした市場のイメージが、地理学の終焉を思わせるとすれば、人を誤らせるものである。為

表１　主要国別に見た為替市場の地理的分布
（世界合計に占める比率，％）

	1989年	1992年	1995年	1998年	2001年
イギリス	25.6	27.0	29.5	32.5	31.1
米国	16.0	15.5	15.5	17.9	15.7
日本	15.5	11.2	10.2	6.9	9.1
小計	57.1	53.7	55.2	57.3	55.9
シンガポール	7.7	6.9	6.7	7.1	6.2
ドイツ	不明	5.1	4.8	4.8	5.4
スイス	7.8	6.1	5.5	4.2	4.4
香港	6.8	5.6	5.7	4.0	4.1
オーストラリア	4.0	2.7	2.5	2.4	3.2
フランス	3.2	3.1	3.7	3.7	3.0
カナダ	2.1	2.0	1.9	1.9	2.6
合計	88.7	85.2	86.0	85.4	84.8

出所：BIS，３年に１度の為替市場調査，2001年。

替市場に関して言えば、事実上、三つの主要な金融市場が存在している。すなわち、東京、ロンドン、およびニューヨークであり、それぞれ、世界の富と為替取引の主要部分が集中する三大州に位置している。この三つの都市は、二〇〇一年に為替取引の五六％を実行しており、これに対して、より付随的な役割を果たしている続く七都市ではわずか二九％である（表1参照）。この三つの都市は、それぞれ異なる時間帯に位置している。すなわち、為替市場は、アジアとともに「目覚め」て、ヨーロッパとともに活動の盛りに達し、そして北アメリカとともに二四時間の終わりを迎えるのである。

為替市場のこうした強い集中度は、技術的および地理的要因によって説明できる。為替取引は、非常に高度なコンピューター設備、非常に安全性の高い通信インフラ、非常に技能の高い人材を必要とする。非常に費用がかかる要素が多いだけに、非常に多額の取引量でしか採算がとれないことになる。それに加えて、銀行は適切な環境も必要とする。すなわち、手近なところにいる法律や金融の専門家の一群、効率的な交通網、そして非常に良い報酬を受け取る人材のためには、居住・消費・娯楽の場所、子供たちのための学校などである。こうした利便は、世界の主要金融センターが立地している大都市（ニューヨーク、ロンドン、フランクフルト、パリ、チューリッヒ、香港、シンガポール、等々）にしか見いだされない。これは経済理論が「自然独占」と呼ぶものである。ロンドンは、これに関しては特別の利点を有している。アジアとアメリカの時間帯の橋渡しをしているという利点である。ロンドンは、世界で最も物価の高い都市の一つではあるが、帝国の首都としての歴史的遺産と結びついて、世界の為替市場取引の三分の一近くを実行している。

それゆえ、一見したところとは異なり、太平洋のさなかにぽつんと離れたタックス・ヘイヴンにトレーディングルームを移転させることは、それほど単純でも、有利でもないのである。もしもそうであるのならば、どうして銀行のトレーディングルームは、今すぐにでもそこに立地されないのか、ということになる。

交渉地においていかなる為替取引に課税すべきか、そしてそれはいかにしてか？

為替取引には、大きく二つのカテゴリーがある（さらに詳しくは、第3章補論を参照）。受渡しの対象になるものと、受渡しがなされないものとである。「受渡し」の対象になるものの中には、直物為替取引（為替取引総額の三〇・一％）、いわゆる「単純先物［アウトライト先物］」為替取引（一〇・二％）、および、為替の一時的交換（英語のスワップという名で知られる、五一％）が数えられる。それゆえ、この三種の取引で、二〇〇一年における為替市場取引の九四・一％*を占めている（二・八％の誤差脱漏が加えられている、出所はBIS［二〇〇一年調査暫定版による］）。コンピューター使用の一般化とともに、直物為替取引の交渉が自動化されている比率は、一九九五年には一〇％未満だったのに対し、二〇〇一年には七〇～九〇％に及んでいる。電子ブローキング企業の二社、EBSとロイターは、コンピューターにより、ネットワークとして業務を遂行し、いっそう速やかな相場付けを取り交わし、交渉を自動的に行なうということを実現している。それゆえ、コンピューター・プログラムを修正することで、交渉成立の瞬間に税をかけることが技術的には可能である。しかし、以下でもう少し詳しく見るように、それらの取引が「受け渡される」のを利用して、「受渡し」の場所、すなわち決済地で課税するほうが、より確実で効率的である。

　第二のカテゴリーは、先物為替契約（フューチャー）や為替オプションと呼ばれるものに関するものである。これらの取引の比重は、非常にわずかである（二〇〇一年における為替取引の五・九％*）とはいえ、もしそれらが課税されず、他の取引（直物、単純先物、スワップ）だけが課税されるということであれば、その比重は他の取引を押しのけて著しく増大するであろう。

これらの取引の交渉はどのようになされているのか？

為替オプションの一部とすべての「フューチャー」は、組織的な市場で交渉がなされており、その最重要のものは、シカゴの取引所と、デリバティブ商品市場（ＬＩＦＦＥ［ロンドン国際金融先物オプション取引所］）がユーロネクスト（パリ、ブリュッセル、アムステルダムの証券取引所の合併により生まれた取引所会社）と合併したばかりのロンドンにある。シカゴでは依然として競り方式「アウトクライ」で交渉が行なわれているが、ヨーロッパでは現在、売買は完全に電算化されている。これらの市場においては、買い手と売り手は直接取引を行なうわけではない。彼らは、「フューチャー」やオプションを、市場会社との間で買ったり売ったりし、この会社が取引相手［カウンターパーティー］となり、相場を公示し、そして手数料を徴収するのである。ユーロクリア（ユーロネクストの子会社）は、それ自体最近のいくつもの合併から誕生したものであるが、為替の「フューチャー」やオプションの交渉の電算化とクリアリング［相殺決済による清算］を専門としてきた。こうした取引所の非常に集中的で電算化された性格により、通貨取引税の徴収は、技術的には非常に単純になる。それは、取引が実行されるたびに取引所会社が請求する手数料を徴収することと以上に難しいものではない。問題は、集中的な市場で交渉が行なわれるこうした「フューチャー」や為替オプションが、九〇億ドルと、二〇〇一年における為替市場取引の〇・七％*でしかないことである。

為替オプションの大部分は、組織的な市場外での相対取引で交渉が行なわれ、このためそれらへの課税はより難しくなる。それらは為替市場取引額の五・二％*に当たる。

それらは電話により取引交渉がなされるオーダーメイドの商品である。トレーダーの電話での会話記録は、取引交渉の存在の証拠を用意しておくために、六ヵ月から一年の間とっておかれる。ひとたび交渉が成立すると、取引は確認され、ついで決済されなければならない。コンファメーション［確認］は、標準的商事契約（ＩＳＤＡマスターアグリーメント［国際スワップデリバティブ協会（International Swap and Derivatives Association）が作成したルールに基づき、デリバティブ取引の世界における基本契約書として用いられる］）の作成につながるものであり、これはコンピューターで入力され、取引のすべての詳細を含む――すなわち、取引者の身元、取引の性格、金額、日付、等々である。コンファメーションは、一番単純な為替オプションの場合、交渉成立後一～五日のうちに、たいていはファックス、あるいはテレックスを用いて送られるが、次第に電子メッセージング会社のＳＷＩＦＴを用いて送られることが多くなっている（下記［メッセージング・システムの項］を参照）。ＳＷＩＦＴはまた、取引の照合（マッチング）についての電算化されたサービスをも提案しており、これは買い手と売り手が取引の条件について十分一致していることを確認するものである。しかしながら、自動化に向けた情報科学の利用における進歩は、顧客のニーズに応じた非常に特殊なある種のデリバティブ商品の複雑さという壁に突き当たっている。

要するに、たとえ人的要素と手作業の介在が優勢なままであるという事実によって為替オプションの規則正しい測定がより難しくなっているとしても、音声・文書・電算データの形跡が存在することで、実行された取引総額についての税務機関による検査が可能となるのである。

それゆえ技術的には、銀行から税務当局への申告に基づいて、交渉成立の際に税を徴収することが可能なのであるが、しかしそれは、税務当局が効果的な税務検査を行なう手段を与えられているという条件下でのことである。この案には、自分たちが行なっている為替オプション取引を規則正しく申告することで法律を尊重しようという、銀行の善意に依拠しているという大きな欠点がある。これはまさしく脱税の可能性をしつらえるものであるが、そのことを誇張してはならない。

付加価値税［VAT］の例をとってみよう。これもまた、その徴収が取引を申告しようという企業の意志に依存している取引税である。確かに無視できない脱税が（たとえば、いわゆる「もぐり」の仕事のように）存在するのであるが、しかし、そのことで付加価値税はフランスにおける第一の税源であるということが妨げられはしない。申告制度ということについて言えば、それは既に存在する。国家の官僚主義を激しく批判する米国が、世界中でアメリカの銀行により行なわれるすべてのドル取引を監視するために、この種の申告制度を設けたのである。EUにおいては、加盟諸国の国際収支作成に必要な統計的情報のため、銀行は一万二五〇〇ユーロを上回る取引を申告しなければならない。

脱税が判明した場合、高額の罰金がかかるということで、銀行は通貨取引税を自分たちの活動に組み込む気になるかもしれない。ちょうど、企業が付加価値税［VAT］についてそうだったかもしれないように。

徴収は支払地においてなされるべきであろう

この案は、ロドニー・シュミットによって定式化され、(3) それ以来、この税の多くの賛成論者たちによって支持されているもので、すべての金融機関、とりわけ銀行が利用する各国の電子支払システムを通して、為替契約の決済地で税を徴収するということにその本質がある。

これらの電子支払システムは、世界金融の隠れた一面である。それらは、根本的な役割を果たしているのに、一般大衆にはほとんど知られていない。ますます低廉になっていく費用で巨大な金額を全世界のある地点から他の地点に移転させることができる、確実で迅速な支払システムがなかったら、金融的グローバル化もなかったところであろう。技術的な様相を呈してはいるものの、電子支払システムの研究は教訓に富んでいる。それは、通貨取引税がどうして技術的に実現可能なのかを理解することを可能にするのみならず、金融的グローバル化の特質について多く学ぶことをも可能にするのである。

門外漢にとってみれば、金融的グローバル化とは、国ごとにつなぎとめるいかなるものも失ってしまった全世界的現象のように見える。「浮動資本」という表現を使うことは、こうした無重力状態の印象、したがってとらえどころのない印象をよく表している。これはまさしく市民を――新自由主義的経済が集団的な厚生に対してマイナスに作用すると確信はしているが、どんな社会進歩の方策も逃れたり回避したりできると目される金融資本の全能性に対しては打つ手がないと感じてしまう市民を、武装解除するものである。

しかるに、全世界のある地点から他の地点へと自由に投資される権利を諸国政府が資本に与えようと決めてきたのは確かであるとしても、資本の国際的移転という実際の産業を構成する技術的および物理的インフラは、基本的には各国ごとのもののままなのである。流体（資本）とパイプ（支払および資本移転システム）とは区別しなければならない。

各国支払システムが果たす根本的な重要性をよく理解するために、いくつかの仮説的な例を挙げよう。

A銀行がB銀行から短期財務省証券［TB］を買うという、銀行間の最も単純な国内金融取引から始めよう。

国内金融取引は、同時に逆方向に向かう、同じ国の中で記録される二つの金融的フローによって、常に特徴付けられるであろう。逆方向に向かう二つの金融的フローを記録するということは不可避である。というのも、同じ国の中で買いと売りとが行なわれるからである。第二の特徴は、第一のそれと関連して、支払が同時に行なわれなければならないということである。買い手または売り手（A銀行またはB銀行）が契約を履行する前に破綻してしまうという、常にあり得るリスクを取り除くには、同時性が決定的である。A銀行は、高額のユーロを支払いながら、B銀行が破綻したがゆえに引換えに何も受け取らないというリスクを冒すことはできない。A銀行自身が破綻するかもしれない。同じ理由でB銀行も、短期財務省証券［TB］をA銀行に引き渡しながら、引換えに支払を受けないでいるというリスクを冒すことはできない。これは「支払いと引換えでの受渡し」［キャッシュ・オン・デリバリー］の原則と呼ばれるものである。

これから見ていくように、為替取引はこうした特徴を守っていない。時間帯の違いのために同時性は必ずしも存在せず、逆方向のフロー（たとえば売り）は他の国で生ずるので、一国内にはただ一つのフロー（たとえば買い）しか見ることができない。それゆえ、理論的には、国内取引と為替取引とは区別することができる。

さらに進んで、今度は為替取引の例、すなわちある通貨の買いを他の通貨の売りと引換えに行なうという例をとってみよう。木材貿易における輸出入を専門とするある日本企業が、アメリカのシアトル所在の販売元に支払うためにドルを買い入れる必要があるとしよう（国際貿易の約三分の二がドル建てで支払われる）[4]。この日本企業は、東京にある取引銀行に向かって、円と引換えにドルを買うことを依頼する。日本の銀行は、このドルをニューヨークにあるアメリカの銀行から買うものとしよう。東京からニューヨークへ飛行機で警備を付けた円の輸送が行なわれ、ドルを輸送して逆の道をたどる飛行機と海の上ですれ違うのが見られるであろうか？

いくつかの明白な理由で、こうしたやり方をするなどというのは馬鹿げている。あまりにも危険で、あまりにも遅く、あまりにも費用がかかり、あまりにも不確かである。

それゆえにこそ、銀行はずっと以前から、はるかに合理的な解決を見いだしてきたのである。すべての大きな銀行は、世界の各国において別の銀行と商取引上の協定を取り結ぶ。この外国銀行は「コルレス先」と呼ばれる。コルレス先は、報酬と引換えに、取引の起点となるいわゆる「レスポンデント」の銀行によって取り決められた額を、自国通貨で受け取ったり支払ったりする役目を担うことになる。協定は、一般的には相互的なものである。

それゆえ、日本の銀行は、ドルを買った先のニューヨークの銀行に、そのドルを自分のコルレス先の役割をしているニューヨークの別の銀行へと移転するように依頼するであろう。同時に、ドルを売るアメリカの銀行は、引換えに受け取るはずの円を、東京におけるそのコルレス先に移転するよう依頼するであろう。

確認されることは何か？ 円は決して物理的に日本を離れることはない。ドルは決して米国を離れることはない。銀行は、実際上は世界のどの国にあるどの別の銀行との間でも、通貨を買ったり売ったりすることができるのであるが、その通貨は決して元の国を離れることはないのである。パリにあるフランスの一銀行が、ポンドと引換えにドルの直物を、ロンドンにあるドイツの一銀行から買うとき（これは「ユーロダラー」と呼ばれるものである）、それは二日後に、ドイツの銀行のニューヨークにおけるコルレス先から、フランスの銀行のニューヨークにおけるコルレス先への、ドルの移転として具体化されるであろう。ヨーロッパでは、フランスの銀行のロンドンにおけるコルレス先が、二日後に、ドイツの銀行のコルレス先へ、ポンドを移転するであろう。

こうした移転（トランスファー）は、各国の支払システムの中で実現される（一六五ページの図解を参照）。

しかし、短期財務省証券［TB］の購入のような国内取引が、逆方向への二つの同時の移転（短期財務省証券［TB］対貨幣）によって具体化されるのとは異なり、為替取引は、一方的なただ一つの移転によって具体化される。日本では、円の移転が、アメリカの銀行のコルレス先を受取人として記録される。しかし、このコルレス先銀行は、ドルを買う日本の銀行に対し、その反対給付として何も送付しない。ドルの移転は米国で行なわれるのであり、そこでもやはり、反対給付なきドルの一方的移転が記録される。それゆえ、この特徴によって一見してただちに、為替取引の存在をその決済に際して突き止めることが可能になるのである。

貿易取引が支払われなければならないときに何が起こるかを理解するために、我々の例を続けよう。(5) いまや日本企業は、その企業のために取引銀行が買ったドルの所有者である。日本企業の管理者は、取引銀行の管理者にコンピューターでメッセージを送り、シアトルにおける販売者にドルで一定金額を支払うように指図を出す。日本の銀行の管理者は、アメリカの販売者および同じくシアトルにあるその取引銀行の身元を確認する。それから、東京の銀行の管理者は、そのニューヨークにおけるコルレス先にあてて、「国際送金」のメッセージを送る。実際には、すべてが非物質化されているので、紙幣や硬貨の移転はなく、債権の移転がなされるのである。(6)

そのコルレス先は、アメリカの支払システムのメンバーである。そのコルレス先は、別なニューヨークの大銀行にメッセージを送ることになる。後者は、直接ニューヨークに拠点をおくには小規模すぎるシアトルの銀行に対してコルレス先の役割をするものである。メッセージ受領の確認の後、日本の銀行のコルレス先は、シアトルの銀行のコルレス先に、ドルでの一定額を移転する。後者はシアトルの銀行に通知し、ついでこれにそのドルを移転する。シアトルの銀行にとってまだ残っているのは、もはや、木材を日本の企業に売った顧客の勘定に貸方記入することだけである。

要するに、日本企業の支払指図が四つの銀行（日本の一行とアメリカの三行）を関与させたことになるが、そのすべてが会計帳簿上の操作によってドルを「受け取り」ついで「譲渡する」のである。時差のために、為替取引は一般に二日にわたって進行するのであり、このことはいわゆる「カウンターパーティー［取引相手］リスク、すなわち支払人となる銀行が実際に支払をすませる前に破綻してしまうリスクを増すものである。前例は数多くあり、銀行は、国内取引の場合のような同時決済の理想に近づくため、あらゆる手を尽くして決済期間を短縮しようとするのである（下記のCLSプロジェクトを参照）。

ドルは米国に向けて日本を「離れる」ことはないということが、再び確認される。日米両国の企業間における貿易取引の支払指図は、アメリカの支払システムへのアクセスを有する三つの銀行を巻き込んでの、米国におけるドルのフローによって具体化される。

それゆえ、国内支払システムへのアクセスが決定的である。アメリカ領内に存在するコルレス先銀行に頼ることは、アクセス方法の一つである。もう一つの可能性は、日本の銀行が米国に子会社を設立することを決意し、アメリカ当局のもとに正式に登録されるということであろう。コンピューターとしかるべき通信ネットワークを用いて、日本の銀行が東京から直接アメリカの支払システムに接続するということも、考えられるかもしれない。唯一の法的義務は、アメリカ領内に存在し、当局の公認を受けて、東京から決定がなされる取引を法的に引き受ける、正式代表者を有することである。

アクセスの様式および取引の決定が行なわれる国がいずれであるにせよ、そこから常に同じ点に立ち戻ることになる。すなわち、国内支払システムへの合法的アクセスを有するという点である。

通貨取引税の徴収にとっての意義が理解できよう。もしある国が通貨取引税を実施しようとして、それを国内法（とりわけ銀行法制）に組み込むことを決定すれば、租税回避と脱税の可能性は必然

為替取引の決済

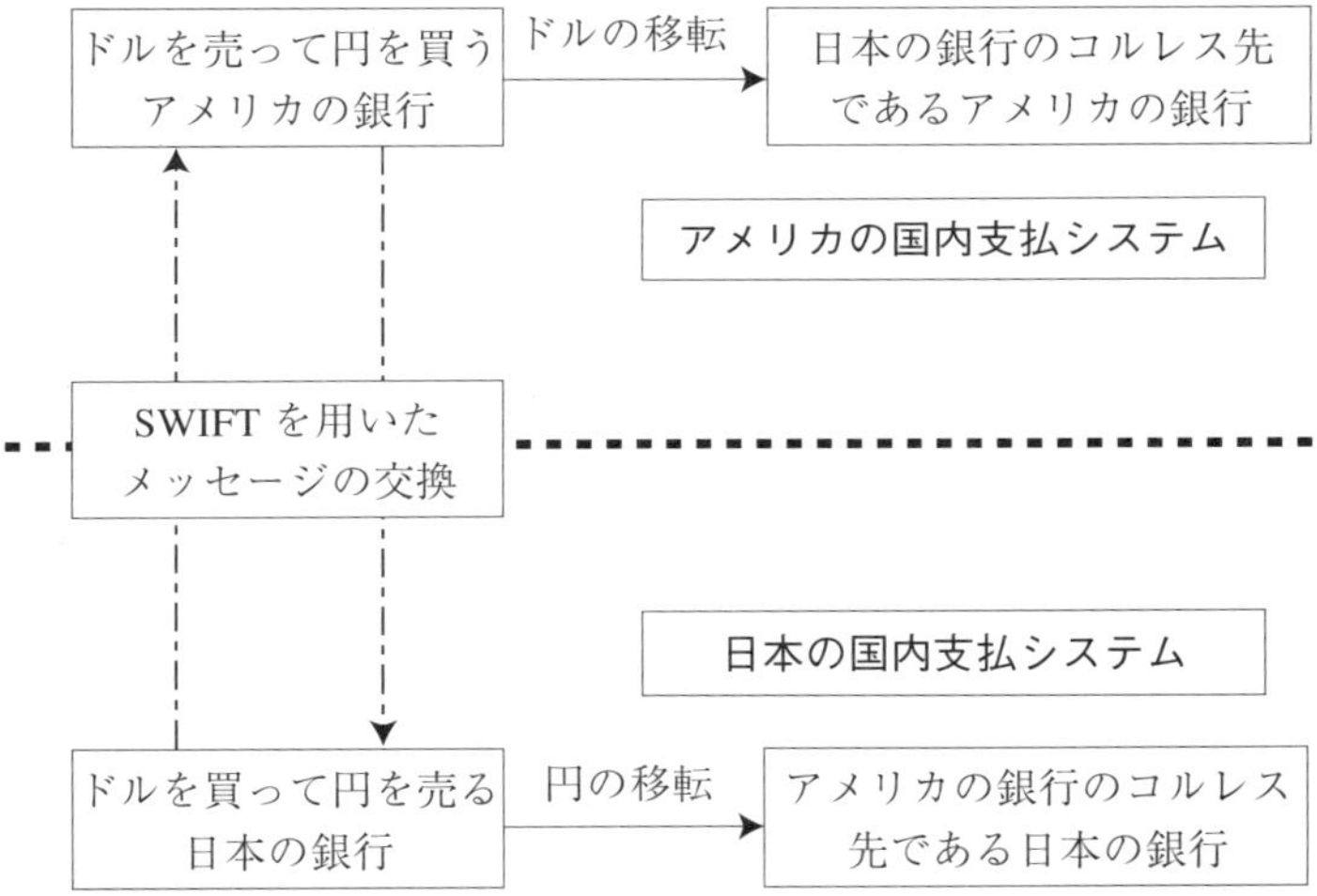

的に限定的なものになるであろう。トレーディングルームを移転することも、国外から支払指図をすることも、何の役にも立たない。なぜなら、最終的には、税を実施している国の国内支払システムへのアクセスを有することがどうしても必要になるからである。それを断念することは、当該国との国際貿易を断念することになり、そればかりでなくその通貨の使用をも断念することになろう。

■国内支払システムの三つの構成要素

この支払システムは、三つの主要要素から構成されている。一つは、メッセージング・システムであり、そのうち世界で最も広まっているものはＳＷＩＦＴである。一つは、一連のクリアリングハウス［清算・決済機関］であり、金融手段別（通貨、株式、債券、デリバティブ）および利用者別（一般大衆、企業、銀行）の大きなカテゴリーそれぞれについてのものがある。最後に、すべての取引の実質的決済を確保するシステムの核心は、即時グロス決済（ＲＴＧＳ）システムである。

■メッセージング・システム

メッセージング・システムは、絶対的に決定的な役割を果たす。というのも、金融市場は非常に大量の情報および通信の消費者だからである。通信することは、金融取引の交渉を進め、取引相互間での相殺（ネッティング）を行ない（下記［クリアリングハウスの項］を参照）、その決済を執り行なうために不可欠である。最重要のメッセージング（ルーティングとも言われる）の会社は、多国籍大銀行による主導のもとに一九七三年五月三日に創設された。この会社の名はＳＷＩＦＴという(7)。その本部はブリュッセルの郊外、ラ・ユルプにあって、ＳＷＩＦＴはベルギー法による会社であり、欧州中央銀行（ＥＣＢ）の代理として行動するベルギー国立銀行の監督を受ける。ＳＷＩＦＴは世界中に毎日五〇〇万件以上のメッセージを伝達する。二〇〇一年には、一九二ヵ国において、一二億七〇〇〇万件のメッセージが、中央銀行や、国際的および各国のクリアリングハウスや、豊かな諸国の多国籍銀行を初めとして、七〇〇〇以上の金融機関のために配信された。ＳＷＩＦＴほど多くのメッセージを配信している国際的ネットワークはほとんどない。航空券の予約を行なっているＩＡＴＡ［International Air Transport Association：国際航空運送協会］のネットワークは、一日当り約一〇〇万件ではるかに下回っている。もしもＳＷＩＦＴが故障のために機能を停止したとすれば、大部分の国際的な金融および貿易の取引は、即座に止まってしまうであろう(8)。というのも、前述のいくつかの例において見たように、ＳＷＩＦＴが為替取引の決済に関するメッセージを配信しているからである。通貨取引税の徴収にとってみれば、これらのメッセージの内容は特に興味深い。たとえ、銀行家たちやＳＷＩＦＴ経営陣がその内容を知られないようにするためできる限りの手を尽くすとしても、である。

ある企業によって開始される小売での為替取引の決済に対応する、メッセージ・タイプは、二つの名称で呼ばれている。すなわち、一回だけ行なわれる場合の「ＭＴ１０３」と、給料や年金の支払のように繰り返し行なわれる国際送金の場合の「ＭＴ１０２」である。それは、次のような情報を含んでいる。すなわち、日付、取引の起点となる顧客名（前述の例における日本の木材輸入業者）をＩＢＡＮ（International Bank Account Number）コードと呼ばれる銀行口座の全顧客が持つＩＤコード形式で示したもの[9]、支払人となる銀行名をＢＩＣ（Bank Identifier Code、ＳＷＩＦＴコードとも呼ばれる）と呼ばれる銀行ＩＤコード形式で示したもの、支払を受ける一つまたは複数の銀行名、言い換えれば、国外コルレス先銀行と必要な場合は最終的な受取人の取引先銀行（前述の例におけるシアトルの銀行）のＢＩＣ、そして最後に、最終的な受取人となる顧客（木材販売者）のＩＤを示すＩＢＡＮコードである。

任意オプションの情報もまた見いだされる。すなわち、取引の性質（ＭＴ１０３メッセージのフィールド26Ｔ）、その金額、それが現金化される際の通貨（メッセージのフィールド33Ｂ）、適用される為替レート（フィールド36）、そして申告の法的義務（フィールド77Ｂ）を示すものである。明らかに、為替取引の特定とその課税に必要なすべての要素は、技術的にはＳＷＩＦＴによって伝達されるメッセージ・タイプの中に一体化することができる。(10) 通信の秘密を確保するため、メッセージはその配信のあいだ暗号化されているが、受領者が受け取るときには解読可能なものに戻る。この情報を、取引の起点となる者と受取人とがいる両国の中央銀行へと伝えるのを妨げるものは、技術的には何もないのである。

EUの場合、為替取引*に関する情報は、支払人となる銀行と受取人となる銀行とがその領域内にある以上は、義務的なものである。そしてそのことは、当該銀行の国籍が（アメリカ、日本、など）どこであろうとそうなのである。この決定が欧州議会および欧州委員会の要請に応じてなされたのは、犯罪にかかわる出所をもつマネーロンダリング対策の一環として、国境を越えたリテイル［小口一般顧客向け］金融取引の透明性を改善するためであり、また加えて、EUの二国間での国際送金の費用を国内取引の費用と同等にするためでもあった。(11) アイスランド、ノルウェー、スイスのように、EUに加盟していないヨーロッパのいくつかの国が、EUのいわゆる「認証」指令を自発的に適用することを決め、これにより、その適用範囲は欧州経済領域（EEA）へと拡大している。ヴァチカンのようないくつかの「都市国家」もまた、アンドラ、モナコ、リヒテンシュタインなどと同じくタックス・ヘイヴンであるが、同様にすることを決定した。しかし、ガーンジー島、ジャージー島、マン島、マイヨット島のようなタックス・ヘイヴンは奇妙なことにこの指令を適用しないので、透明性には限界がある。それゆえ確認されるのは、たくさんの国が必要な透明性の最低限を実行しないとしても、EUの領域内では通貨取引税を実施するために最小限の技術的・法的基礎がすでにもう存在していることである。

リテイルの取引で可能なことが、どうして銀行間の卸売の取引では不可能だなどということになるかは、理解しがたいことである。そのことをすっかり納得するために、全世界に拠点をもつ銀行カードＶＩＳＡの国際的ネットワークの例をとってみることができる〔フランスの〝銀行カード〟はクレジットカードの機能を兼ね備える場合が多い〕。ＥＵ内だけでも、ＶＩＳＡは一億七一七〇万枚のクレジットカードを管理しており（二〇〇〇年六月）、四九〇万の商店で使用を認められ、八三億件の取引を実現し、その支払総額は六一一八億ユーロになる。複雑な技術的・人的インフラを前提とするこうした目が眩むほどの数字にもかかわらず、買い物代金支払や現金引出しのために外国で自分のカードを使った者は誰もが、銀行の毎月の明細書を見れば、自分の銀行が完璧に取引、日付、使用された通貨、適用された為替レート、そして銀行により徴収される手数料を特定することができるということを確認できたはずである。通貨取引税が個人に適用されたとしても――それは想定されていないことであるが――、全く単純に銀行が徴収する手数料を高くして、それからその分を国家に払い込むだけであろう。為替の卸売市場では、参加者の数はずっと少なくて、ちょうど同じことができるはずである。

■クリアリングハウス

われわれが提示した為替取引の例は、わざと単純化されていた。というのも、われわれは、日本から米国へと向かい二つの銀行を関与させる、一つの取引しか考えなかったからである。現実には、日本の一銀行とアメリカの一銀行との間で、何百もの為替取引が一日のうちに両方向へ行なわれうる。そのうえ、それぞれの銀行は日々の取引を一〇行ほどもの他の銀行との間で行なっている。こうした取引が一つずつ決済されるとすれば、費用は禁止的なほど高くなりうるであろう。取引を一日の間集積しておいて、差額だけを決済するほうが、はるかに有利である。もしも一日の終わりに、日本の銀行のアメリカでのコルレス先が、別なアメリカの銀行から一億二〇〇〇万ドルを受け取ることになっているが、これに対して一億ドルを支払う義務があるとすれば、そのアメリカの銀行はコルレス先に対して二〇〇〇万ドルしか支払わないであろう。これが相殺決済（英語で言えばクリアリング clearing）の原理である。銀行は、グロスの総額（毎日何千もある取引の一つ一つ）を交換し合う代わりに、ネットの純額（一日の終わりの差額）を交換し合うことの方を好む。クリアリングハウスは民間企業であり、しばしば諸銀行によって創設され、利益目的を有しているものである。相殺決済はあらゆる金融取引に適用される。卸売市場では、現金支払額のインターバンクでの交換、証券（株式、債券）対貨幣の交換、証券対証券の交換、デリバティブ商品の交換、などの相殺決済が行なわれている。小売（リテイル）市場では、小切手の交換、クレジットカードの借方記入（引落し）の相殺決済が行なわれている。個人によって行なわれるこうした小売取引は、少額を対象とするものであるが、非常に高額な取引よりもはるかに数が多い。一日の特定の時刻に、それぞれのクリアリングハウスは、諸銀行およびその他金融機関の間でのネットの差額を計算し、決済を執り行なう。

為替取引の場合には、三つのタイプの相殺決済が行なわれうる。

1．内部相殺決済。同一銀行の顧客たちの中で、たとえばユーロと引換えに円を売りたい者たちと、ユーロを売って円を買いたい他の者たちとが、常に存在する。銀行は、その顧客たちの勘定の間で相殺決済を執り行ない、円の受取と支払の差額だけが、他銀行との為替取引の対象になるであろう。

2．二者間の相殺決済。世界最大級の諸銀行は、それら相互で非常に頻繁に為替を交換している。コストとリスクを限定するために、クレディ・リヨネにとってはロンドンのバークレー銀行に外貨勘定を開設することがずっと有利になるのであり、その逆もまたそうである。一日中、二つの銀行は、自分たち相互の債権と債務を相殺決済していく。やはり再び、差額だけが両行の取引の対象となるであろう。ＢＩＳの調査によれば、二者間の相殺決済は、一九九七年において為替取引額を一五％減少させていた。

この二者間の相殺決済は、民間の専門会社によって計算されている。たとえば、ＦＸＮＥＴ、ＶＡＬＵＮＥＴなどであるが、ＳＷＩＦＴもまた、メッセージング・サービスに加えて、相殺決済（ネッティング）計算サービスを提供している（Swift Accord）。これらの会社は自らが行なうのは計算に限定しており、厳密な意味でクリアリングハウスにより実行される取引を執り行なうわけではない。その詳細が重要性を有するのは、これらの会社が銀行という法的資格を持たず、とりわけ「汚いカネ」のロンダリングに関して、銀行法の拘束を受けていないからである。通貨取引税が銀行法に組み込まれるだけであるとすれば、これらの会社はその徴収を逃れようという誘惑にかられるかもしれない。

3．内部的な方式または二者間の方式で相殺決済がなされなかった場合の為替取引（約八〇％）は、貨幣額の交換を組織立てて行なうインターバンクのクリアリングハウスに差し向けられる。上述の例では、日本の銀行のアメリカでのコルレス先はＣＨＩＰＳ[12]と呼ばれる銀行間クリアリングハウスのメンバーであり、これにはシアトルの銀行もまた加入している。ＥＵにおいては、欧州諸銀行間での単一クリアリングハウスを創設する目的で、また、ユーロ・ゾーン内およびユーロと他通貨間でのクロスボーダーの取引を促進するために、各国ごとの銀行間クリアリングハウスの統合プロセスが見られる。「Euro 1」［ユーロ・ワン］と呼ばれるこうしたクリアリングハウスが、一九九八年に、欧州内外のおよそ百の銀行を結集するユーロ銀行協会（ＥＢＡ［Euro Banking Association］）によって創設された。ＥＢＡは、パリにその本部を置くフランス法に基づく会社である。Euro 1は、ドルが米国の各州の間で流通するのと同様に、ユーロが低コストでユーロ・ゾーン加盟国間を流通することを可能とする「単一支払領域」の創出に参与するという意味で、多少なりとも米国におけるＣＨＩＰＳに相当するものになった。二〇〇二年には、一日当り一五万件近くの取引をもって、Euro 1はユーロ・ゾーンにおける最重要のクリアリングハウスになった。

Euro 1は、その任務を果たすために、ＣＨＩＰＳと同様、非常に詳細な情報を入手しなければならず、これをメッセージング会社、この場合で言えばＳＷＩＦＴが提供する。具体的には、朝の七時三〇分から、支払人となる銀行、たとえばクレディ・リヨネは、受取人となる銀行、たとえばドイツ銀行宛の国際送金を通知する、ＥＢＡという記載を含むＳＷＩＦＴメッセージを送信する。ＳＷＩＦＴは、そのために用意されたソフト（SWIFT Copy）を用いて、メッセージのコピーをＥＢ

Aのコンピューターに自動的に送信し、このコンピューターがＢＩＣのＩＤコードを用いて支払人となる銀行と受取人となる銀行の身元がどこかを確認する。ドイツ銀行の側でもまた、クレディ・リヨネを受取人とする国際送金のメッセージを送信するかもしれない。時々刻々、両方向から受け取るメッセージに応じて、ＥＢＡのコンピューターはクレディ・リヨネのドイツ銀行に対するネット・ポジションを計算する。一日の各瞬間において、クレディ・リヨネがドイツ銀行を受取人として移転したクレジット（振込額）よりも、ドイツ銀行がクレディ・リヨネを受取人として移転したクレジットの方が多ければ、このポジションはプラスとなる。逆の場合は、それはマイナスである。取引終了時刻の一六時〇〇分に、Euro 1のコンピューターは各銀行の他の各銀行に対するこの時のネット・ポジションを計算し、それをそれらの銀行に通知する。資金の支払超過（マイナスのポジション）になっている銀行はすべて、その債務を支払わなければならないことになる。

この電算化された相殺決済（ネッティング）は、ユーロ・ゾーン内所在の銀行間でのユーロの移転送金の機能を果たすものであり、税の徴収に利用することができる。前に見たように、ユーロ・ゾーン内では、ＳＷＩＦＴメッセージは、初めの支払人の身元、そして該当する場合は通貨の種類と用いられた為替レートを含んでいなければならない。もしもアメリカのある銀行が、そのユーロ・ゾーンでのコルレス先銀行（たとえばクレディ・リヨネ）にＳＷＩＦＴメッセージを送って、ドイツ銀行へのユーロでのクレジットの移転（振込）を通知するとすれば、そのときは、自動的に（SWIFT Copyを用いて）メッセージのコピーをEuro 1とフランス銀行とへ送信するということが可能である。Euro 1は、相殺決済を執り行なうためにそのメッセージを記録するであろう。フランス銀行は、通貨取引税を徴収するために取引のそれぞれを記録するであろう。

現時点において、支払システムは非常にそれに近い様子で機能している。一六時〇〇分にSWIFTは、EBAと欧州中央銀行に、その日のすべてのプラス・マイナスのネット・ポジションの一覧表を送信する。実際の支払は、欧州中央銀行の即時グロス決済（RTGS）システムによって行なわれるであろう。

RTGS［Real-Time Gross Settlement］は、あらゆる国内支払システムの中枢である。すべてのクリアリングハウスが、該当する支払手段や金融証券が何であれ、取引の最終的な支払を確保するために、遅かれ早かれRTGSシステムに向かう。支払が差し迫っているときには、民間大銀行は、クリアリングハウスを経由することなく、そこへ直接支払い指図を送ることもできる（一七七ページ図解を参照）。

■RTGS［即時グロス決済］システム

その名が示すとおり、これは支払取引を一つずつ決済するシステムであり、そこから「グロス」という用語が来ている。というのも、この段階では、もはや相殺決済（ネッティング）はなくなるからである。これは「リアルタイム」（即時）の、言い換えれば連続的な時間でのシステムである。というのも、取引はこのシステムによるその受理がなされるや否や直ちに決済されるからである。少額のものを受け入れる場合もいくつかあるとはいえ、これは高額の取引に特化している。

豊かな諸国すべてと増えつつある数の新興諸国に、RTGSシステムが存在する。EUは、TA

RGET[13]と呼ばれる、それ固有のRTGSシステムを有しており、これは各加盟国のRTGSシステムを統括している。RTGSは、大部分の場合、中央銀行（たとえばフランスの場合）もしくは大銀行の主導により創設された私法による会社（たとえばイギリスの場合）の所有するものである。いずれのモデルケースであれ、そこでは中央銀行が鍵となる役割を果たす。

　各中央銀行の重大な関心事には、大銀行の破綻を避けることがある。というのも、それは連鎖倒産を引き起こし、一国の銀行システムの崩壊（システミック・クライシスと呼ばれるもの）にまで至るかもしれないからである。この破局的なシナリオが現実化するのを防ぐために、予防策が取られている。RTGSにアクセスを有する民間の（大）銀行は、あらかじめ担保となる証券を預託しておく。もしもある銀行が破綻するようなことがあれば、その証券は支払を確保するために金銭と引換えに売られることになろう。しかし、この極端な事態にまで至る前に、もしもその日のうちにある銀行がその支払義務を履行できないということが明らかになったとすれば、中央銀行はその銀行に資金を貸し付けることになろう。この任務をうまく果たすために、中央銀行は、支払一つ一つについて、支払人となる銀行が必要な流動性を十分有していることを確認する。確認後、中央銀行が支払を許可したら、支払人となる銀行の勘定には借方記入がなされ、受取人となる銀行の勘定には貸方記入がなされるのである。支払が拒否されれば、中央銀行が日中信用を供与するかもしれないが、さもなければ、支払指図は支払人となる銀行が必要な流動性を入手する時間として、数時間のあいだ待機ファイルに入れられる。

　中央銀行は、この確認の仕事を実施し、ついで諸勘定の借方記入と貸方記入をすることができる。

というのも、RTGSへのアクセスを有する各民間銀行は、中央銀行のもとに勘定を有しているからである。このことは法的義務である。

この義務は、クリアリングハウスにも及ぶ。フランスにおける金融証券（株式、債券、デリバティブ）のクリアリングハウスである「RGV」［Euroclear France 社が運用する即時グロス決済システムRELIT（＝Rglement Livraison de Titres）Grande Vitesse の略称］の一員となるためには、諸銀行は、義務としてフランス銀行のもとに勘定を持たなければならない。フランスのマネタリーな取引についてのクリアリングハウスである「パリ・ネット・セトルメント」（PNS*［Paris Net Settlement：一九九七年開始の相殺決済システムSNP（Système net protégé）を一九九九年に改め、ユーロ建で連続的にネッティングを行なうシステムとしたもの］）、および、その欧州版に相当するEuro 1についても同様である。後者の場合は、諸銀行はEUのRTGSシステムであるTARGETへのアクセスを持たなければならず、このことはその各国ごとの構成要素、たとえばフランス銀行によって運用されているフランスのRTGSである「フランス銀行トランスファー」（TBF：Transfert Banque de France）へのアクセスを持つことを前提している。

世界金融の規制緩和がなされればいかなる状況の下でも巨大な額を流通させることができるようになるという考えは、机上の空論である。それどころか、民間および公的部門により共同管理される取引の交渉と決済については、非常に強い規制がある。民間部門は、完全に確実、迅速で、できるだけ費用がかからない支払システムを必要としている。クリアリングハウスは、費用の減少のほうをより一層指向している。中央銀行は、支払の中断を引き起こす危機の可能性をできるだけ減ら

国内支払システムの構成要素

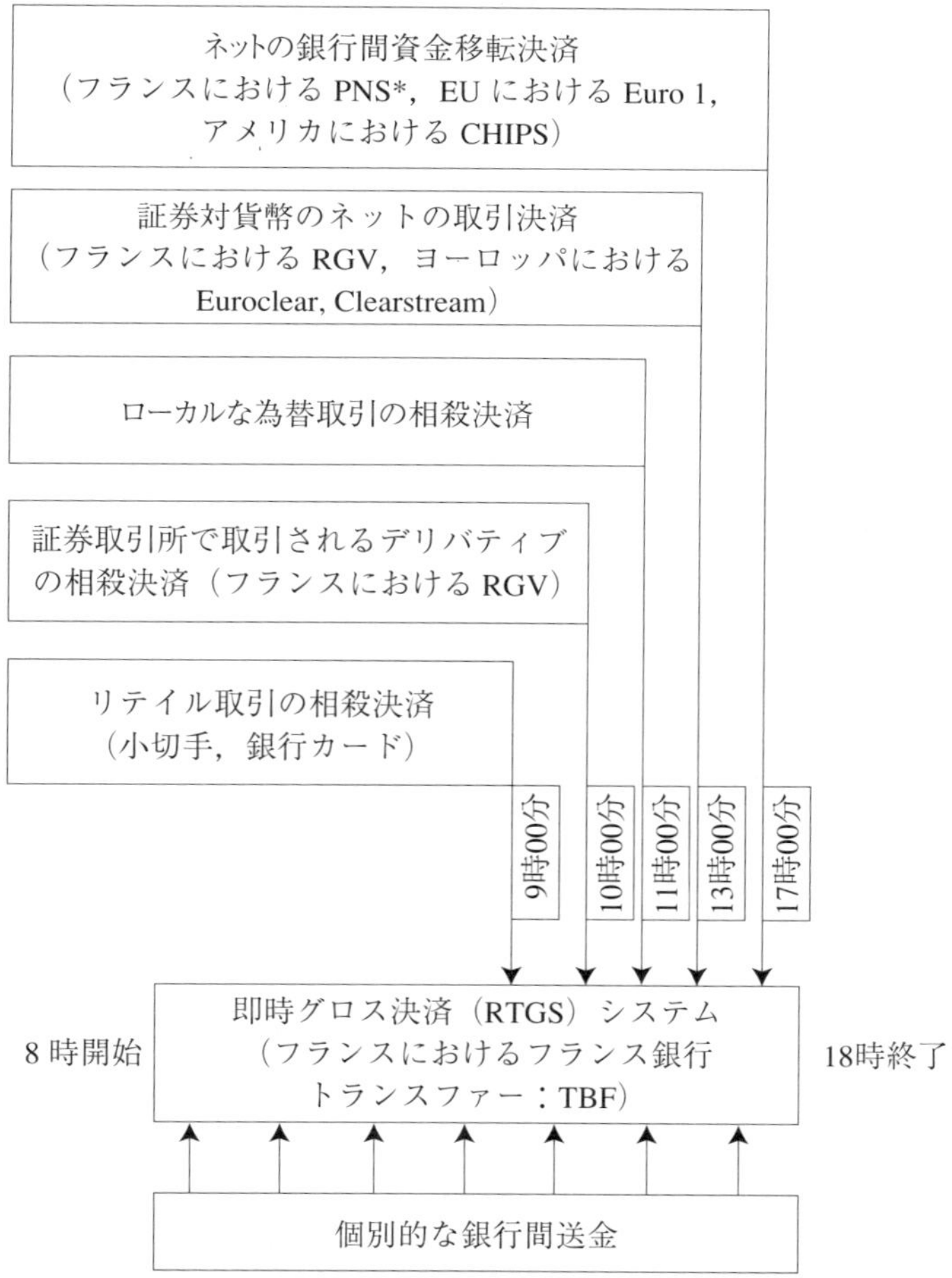

出所*：［BIS, "Real-Time Gross Settlement Systems", Report by the Committee on Payment and Settlement Systems (CPSS), March 1997, p.33（http://www.bis.org/publ/cpss22.pdf）より調整して作成］

すために、支払システム全体の安全性のほうにより一層関心がある。中央銀行は、法律、とりわけ銀行法を遵守させる役割を担っており、最終決定権を握っている。というのも、直接的にＲＴＧＳへのアクセスについてであれ、間接的にクリアリングハウスへのアクセスについてであれ、一国の支払システムへのアクセスを統御しているのは中央銀行だからである。この領域では、他の領域と同様に、市場を作るのはまさしく法律である。

中央銀行は、支払システムの中枢にいるので、税を徴収するのに最も適した位置にある。

あるコルレス先銀行が、外国銀行から、為替取引の取引相手［カウンターパーティー］としての別の銀行へと資金を移転するよう通知するメッセージを受け取るとき、二つの可能性が存在する。

ある場合は、コルレス先銀行は、クリアリングハウス（前ページの図における、ＰＮＳ*、Euro 1、ＣＨＩＰＳ）に向かうことで、振替の取引操作をする。この場合には、メッセージを集中するクリアリングハウスが、そのコピーを中央銀行に送付する。そこで、中央銀行のもとにあるコルレス先銀行の勘定に、自動的に通貨取引税の金額が借方記入される。

また、ある場合は、コルレス先銀行は、直接にＲＴＧＳシステム（前ページの図における個別的な銀行間送金）[14]に向かう。この場合には、コルレス先銀行がＳＷＩＦＴメッセージのコピーを中央銀行に送付する。そこで、中央銀行のもとにあるコルレス先銀行の勘定に、自動的に通貨取引税の金額が借方記入される。

ついで、税収は、中央銀行に開設された財務省の特別勘定に払い込まれる。

メッセージが為替取引、依頼人および受取人の特定に必要な情報すべてを含むようにするのは技術的に可能であるということを、また、メッセージの自動コピーは既に現在の完全に電算化された実際のやり方であるということを、我々は見てきたところである。

■支払地における徴収の利点

この徴税方式の利点は多数ある。

1．個別の取引それぞれが課税される。取引はその起点から特定され、このことは、取引が相殺決済される前に税を課すことを可能にするものである。言い換えれば、課税されるのはまさにグロスの取引であって、ネットの取引ではない。

2．税の徴収の本質部分は、完全に電算化される。それゆえ、コストは少なくなり、そのため税収額を最大化することが可能になる。このことは、徴税が必然的に民間企業にとっての高いコストと過度の官僚主義化とをもたらすという批判に対し、答えるものである。

3．脱税の可能性は、最小限に抑えられる。税務当局による銀行やクリアリングハウスのもとへの定期的な訪問によって、電算プログラムが国際送金メッセージのコピーを中央銀行のもとへきちんと自動的に送っているということを、確認することが可能になる。現時点において、電算プログラムが修正されたか否かを確認することは可能である。そのうえ、銀行は今やすでに健全性のために、もしくは、当局が必要とする統計的な情報を提供するために、その取引についての申告の義務を課されている。(15) このことは、多国籍大銀行やクリアリングハウスは数が少ないだけにいっそう、監督を容易にするであろう。他のところと同様、金融的グローバル化は合併／買収につながり、これは銀行やクリアリングハウスの数を著しく減らすことになった。二〇〇一年に、為替取引の七五％を実行しているのはドイツでは五行、米国では一三行、イギリスでは一七行の銀行となっている。

4．通貨取引税は各国ベースで徴収される。国内支払システムへのアクセスが、決定的基準となろう。ある国の国内支払システムへのアクセスを有したいと思う企業または銀行は、その国籍がどこであれ、税を支払わなければならないであろう。もしその企業または銀行が拒否すれば、国内支払システムへのアクセスは禁じられることになり、これは、その国との国際貿易や、生産的および金融的投資機会を放棄することを意味する。ましてや、同一の大陸に属するか否かにかかわらず、いくつもの国がともに通貨取引税を創設することを決定するならば、それらの国の支払システムへのアクセスは、税の支払を条件とするものになるであろう。ただちに推察されるのは、ＥＵ（欧州連合）、ラテンアメリカ南部におけるメルコスール、東アジア諸国などのような地域圏に、通貨取引税を実施する地域圏を創出する可能性が提供されることである。この点は、次章で展開されるであろう。

■……そして、その限界

この徴収方式へのわずかな例外は、次のようなものである。

1．受渡しがなされないので決済の対象にならない為替取引（六％）（「フューチャー」および一部のオプション）に関しては、交渉の瞬間における課税が唯一可能な方法であることを、我々は見てきた。

2．銀行による内部相殺決済がなされる為替取引もまた、中央銀行のもとへの申告の対象とされなければならないであろう。この問題は、多国籍大銀行にだけかかわるものであり、有意な内部相殺決済を行なえるほど十分な規模を持たない中小レベルの銀行には当てはまらない。G7各国では、首位の約一〇行だけが内部相殺決済に関与している。したがって、このことが乗り越えられない障害となることはあるまい。

3．最後に、P・B・シュパーンが全く正しく指摘しているように（二〇〇二年［前掲報告書］、p.50）、多国籍大企業によりその内部で行なわれる為替取引が、課税の対象とされなければなるまい。こうした多国籍大企業は、しばしばあらゆる大陸に拠点を置くその子会社ネットワークを通じて、保有する外国為替の内部相殺決済を実現している。考えられるのは、それらの多国籍企業が、ブローカーや銀行と同様に、中央銀行のもとに為替取引の実行を公認する認可を求めなければならないようにすることである。その次に、それらの多国籍企業は、銀行の取引と同様に課税されることになる為替取引を申告しなければならないことになろう。このことは、現在行なわれているものよりもはるかに透明性のある内部会計基準と、税務調査の強化とを前提とするものである。米国における多数の不正会計事件（エンロン・スキャンダル、グローバル・クロッシング、等々）は、この領域での改革が、通貨取引税の有無にかかわらず緊急を要するものであることを示している。

ＣＬＳ銀行プロジェクト

為替取引の特定と税の徴収についての実際的問題すべてが、ごく近い将来ＣＬＳが誕生する暁には、著しく単純になるであろう。これは正常にいけば二〇〇二年秋に予定されているが、プロジェクトは既に何回も、技術的理由により延期されてきた。これは、一四ヵ国から集まった世界最大級の六三の銀行の主導の下に創設される民間銀行であり、世界の主要銀行のために単一の国際的クリアリングハウスの役割を果たすことになるものである。その持株会社はロンドンに拠点を置くが、実際の運営はニューヨークを拠点として、合衆国連邦準備銀行［ＦＲＢ］の管轄のもとに行なわれることになる。このことは、世界の為替取引の八〇％が、ドルとの間で行なわれているという事実によって説明される。この銀行は、米ドル、カナダ・ドル、オーストラリア・ドル、ユーロ、ポンド、円の間で、常時リアルタイムの決済を行なうことになる。(16) 世界の為替取引の八〇％がカバーされることになると推定される。世界中のすべての民間参加銀行が、国内取引と同じかほとんど同じ条件で、一日二四時間為替取引を決済できるであろう。参加していない銀行は、参加銀行に依頼することで、ＣＬＳを用いて取引を決済できるであろう。各参加銀行に対して、ＣＬＳ銀行は多通貨建て勘定を開設することになる。

たとえば、ユーロの売りと引換えにした円の買いは、以下のように処理されるであろう。ＣＬＳ銀行は、ＳＷＩＦＴを用いて、円の買いが取引相手方をユーロの売りに見いだしていることを確認する。ユーロと円との交換は、国内取引と同様に、同時的な仕方で行なわれるようになり、現在は、取引が二日かかって決済されているため広範に存在する、諸銀行のうちの一つが破綻するリスクを取り除くような仕方となる。ユーロを売る銀行の多通貨建て勘定にはユーロ建てである金額が借方記入され、円建てである金額が貸方記入されることになり、また、円を売ってユーロを買うもう一つの銀行の勘定には、円建てである金額が借方記入され、ユーロ建てである金額が貸方記入されることになる。それには、それぞれの依頼人と受取人の特定とともに、取引金額、通貨、用いられた為替レートの特定をも必要とする。それゆえ、通貨取引税は最大限正確に計算できることになろう。

それぞれの勘定ごとに、七通貨のそれぞれにおけるネット・ポジションが計算される。クレディ・アグリコル［フランスの大銀行］がCLSのメンバーであるとすれば、ユーロでは余剰額、円では不足額、米ドルでは余剰額、等々を有するということがありうる。一日に五回、CLS銀行はその顧客に対し、不足額を支払うように求めるであろう。支払は、その国の通貨が関係当事者になるところの七ヵ国それぞれのRTGSシステムを用いて行なわれる。たとえば、クレディ・リヨネは、資金を支払わなければならない相手先となる日本のCLSメンバー銀行すべてに対して日本のRTGSシステムを通じて円を移転するよう、その日本におけるコルレス先に要請するであろう。

したがって、RTGSシステムは、中心的な役割を果たし続けるであろう。通貨取引税を採用する諸国は、自国通貨に関与する取引が自国のRTGSシステムを用いて決済される瞬間に、この税を適用することができるであろう。ましてや、もしもその国の銀行がCLSのメンバーとなっているところの一四ヵ国が通貨取引税を採用するということであれば、この税は事実上全世界的な適用範囲を付与されることになるであろう。

脱税の可能性はどれくらいあるのか?

技術的に不可能だという議論に続いて、脱税の議論が盛んに言い立てられている。この議論は、宿命論、タックス・ヘイヴンの全能性を想定するもの、思いもよらなかったお誂え向きの金融商品で通貨取引税を払わずにすませられるものをいつでも考案できる金融錬金術師の巧妙さの主張など、さまざまに変化した形をとる。我々がこれから示そうと試みるごとく、脱税の問題は間違いなく存在し、解決策を見いださねばならないことになるとしても、先回りして脱税が通貨取引税実施の試みをすべて駄目にすると考える人々は、二つの重要な点で誤っている。第一の点は、技術進歩が一方通行になっているということである。すなわち、私的な創意発案だけが、そしてそのただ中にいる脱税者だけが、技術進歩を賢く利用するすべを知っていて、より多くの力と自由を手にすることができるというものである。このことは、第二の点につながる。すなわち、公的な力は、おそらくは生来、常に私的な力より劣っているというものである。そうしたわけで、これらの批判に答えるのは容易なことではない。というのも、これらの批判は、合理的な立論よりは、むしろ宗教的信条の領域に属するからである。

■予防措置をとっても、脱税は相変わらず最大級のものであろう

この宿命論、あるいは敗北主義というべきかもしれないが、その源泉の一つは次のような信条のうちにある。すなわち、金融の王国では想像力が女王であり、いつもとても独創的で巧妙な金融商品を考案するすべを知っているので、税務当局は不意打ちを受け、対応するすべがわからないことになる、という信条である。

多国籍の企業や銀行が、合法性すれすれで、あるいはそれを逸脱して、できるだけ少ない税しか払わずにすませる段取りを専門とする法務や財務の部門を用意しているということは事実であるとしても、税務当局が必ずや適切な措置で応じて対処することなどできない、ということを証明する確たる論拠はまったくない。

想像力は、脱税者の側にだけしか存在しないわけではない。まさに猫と鼠のゲームがなされるであろう。脱税者の鼠は、猫が目をつぶろうと決めるのでなければ、猫につかまる前に、思いがけない道を通って逃げようとする。しかし、よく考えてみれば、所得税を初めとして、すべての税金についで事情はいつもこうしたものである。所得税は、多年にわたり加えられてきた数多くの修正のおかげで、極度に複雑な税である。それはまた、大量の脱税の対象でもある。にもかかわらず、それは存在し、国家の税収にはっきりと貢献している。同じことが付加価値税［VAT］についても確認される。

所得税や付加価値税が脱税の対象になっているという理由で、その廃止の要求がなされるなどということが、いったいこれまでにあっただろうか？　そういうことなら、いかなる租税も存在しなくなることであろう。

それゆえ、通貨取引税に脱税のゼロ状態を求めることはできない。通貨取引税に対する脱税は、その初日から存在することになるであろう。しかし、宿命というものは存在しないので、脱税および租税回避の企て一つ一つに対して、適用方式や適用範囲の修正をもって応じる法律の進化があれば、脱税のために考え出された金融革新についていくことが可能であろう。

それに、通貨取引税に対する脱税のリスクは、人が想像するほど大きなものではない。通貨、国、および銀行の数は減少している。これに比べれば、ディーン・ベイカーが指摘するように[17]、インターネット上での著作権(コピーライト)使用料のような私的課金のほうが、はるかに実施するのが難しい。最近までそうだったように著作権使用料がなければ、音楽や映画はインターネット上で無料で配布できるという限りにおいて、この使用料は一〇〇%の課税になぞらえることができる。著作権使用料は価格の全体に相当する。それゆえ、課金逃れをしたくなる誘因は、通貨取引税の場合より、比較にならないほどずっと大きい。そして、それははるかに容易である。というのも、インターネットの作用は、為替市場よりもはるかに分散的だからである。為替市場では、大金融機関が取引ごとに数千万ドルもの額を動かしている。インターネットの利用者は、それぞれごくわずかな取引を行なう数千万もの人々なのである。

にもかかわらず、インターネットは、次第に多くが有料制をとり、著作権使用料がますます尊重される私的空間になりつつある。音楽・映像業界の多国籍企業によるナップスター[インターネット上で個人間の音楽データを無料で交換し合えるようにするソフトおよびその運営会社の名]を相手どった裁判での勝利は、それを物語るものである。なるほど、課金逃れは他の形で再現してきたものの、それでもなお、著作権料の尊重は前進しているのである。

最後の一例は、前の例と近いものであるが、さらに重要な意味をもつ。一般大衆向けコンピューター・ソフトは、その出現以来、不正使用の対象になっている。マイクロソフトのビル・ゲイツ会長による東欧のある首都でのウィンドウズ最新版の大々的な発表会の際、その町の市街では、不法コピーが既に数ドルで売られていたと言われている。

にもかかわらず、マイクロソフトは最も収益をあげている多国籍企業の一つであり、その会長は世界最大の資産家の一人である。

脱税行為がなされるというので現存する税とグローバル・タックスの創設を批判する自由主義者たちは、マイクロソフトに営業をやめるように勧めるのであろうか?

■タックス・ヘイヴンおよび治外法権的(オフショア)金融センターの問題

国内支払システムを通じて税を徴収することは、すべての金融取引のトレーサビリティー(追跡可能性)という利点をもたらすのみならず、とりわけ、政府にとって、自国の公的機関を通じて金融取引に対する監督を行ない、法律を遵守させることを可能にするという利点をもたらすものである。トービン税も法定のものとなれば、どうしてそうならないわけがあろうか。国内法を遵守しない銀行やその他の金融機関にはすべて国内支払システムへのアクセスを拒否することで、世界の主要金融市場とタックス・ヘイヴンとの間のつながりを断つことが可能である。そのためには、国内支払システムは、そのアクセスの入口が厳しい監督の対象になる「閉鎖システム」でなければならず、今日のように完全に透過性のあるシステムであってはならない。
不可能であり、ユートピア的だろうか?
不可能ではないし、ますますユートピア的ではなくなってきているのである。

■マネーロンダリング対策の教訓

犯罪資金のロンダリング［洗浄］を防止するために国際社会がとっている行動と、この問題についての膨大な文献とは、金融取引をコントロールするのが技術的に不可能ではないということを示している。監視されるべき対象とコントロールの手段は、通貨取引税の徴収に関して我々が取り上げてきたのと、まさしく同じものである[18]。

二つの教訓がとりわけ有益である。

1．G7諸国のコルレス銀行システムが、米国上院の調査委員会の表現を借りれば、タックス・ヘイヴンの「活力のもとになる血液」［lifeblood］である[19]。タックス・ヘイヴンに拠点を置き、犯罪や脱税の資金を受け入れる銀行やその他の金融機関は、概して専門能力や必要な技術的インフラを欠いた、空っぽの抜け殻である。これらは、合法的な金融回路に入り込むことについては、アメリカ、ヨーロッパ、日本、およびシンガポールにおけるコルレス先銀行に完全に依存している。もしも、こうしたコルレス先銀行との結びつきが断たれたならば、これらは業務を継続することができないであろう。というのも、タックス・ヘイヴンの諸銀行は、通貨取引税徴収にとっての鍵となる要素でもある、SWIFT、クリアリングハウスのCHIPS、米国のRTGSシステムのFED

WIREなどへの戦略上のアクセスを失うことになるからである。タックス・ヘイヴンは、それに耐えて生き延びることはあるまい。

2. 麻薬防止を「国家安全保障の問題」にしてきた米国は、一九八八年以来、マネーロンダリング分野における米国財務省との協定に調印することを拒否している政府を持つようないかなる外国の銀行にも、アメリカの支払システムへのアクセスを禁止できるという権限を米国政府に与える修正条項(「麻薬濫用取締法の」いわゆるケリー修正)を採用した。こうした協定によって、外国銀行は、一万ドルを超えるすべてのドル取引を記録し、情報を米国財務省に提供しなければならない。これはまさに、わずかな金額の取引についてであっても、過度の官僚主義化という議論が引き合いに出されることもなしに、情報が入手可能であるということの証拠となる。

しかしながら、米国財務省はこの法律を適用することに消極的な態度を示してきた。アメリカの銀行が多数の顧客を失って外国の銀行を利することになるかもしれない、という理由でのことである。表向きにされていないもう一つの理由は、アメリカ政府の同意のもとに、米国領内であれば支払うことになる租税を逃れることが可能になるので、アメリカの多国籍企業にとってカリブのタックス・ヘイヴンが決定的な役割を果たしているということである。問題を提起するのは、技術的可能性ではなく、政治的意志である。

この二つの教訓は、次の問いに答えるのに有益である。

資金の移転を確実に行なえるが、領土にとらわれない治外法権的地位にあって、諸国の国内法制を完全に免れるような民間企業を想像することができるであろうか? 答えは否である。真に治外法権的になるためには、そのようなシステムは、それぞれの国の国内支払システムとの結びつきを完全に切断しなければならない。それは何の役に立つであろうか？　その顧客はどのようなものであろうか？　多額の資金をあるタックス・ヘイヴンから別なタックス・ヘイヴンへと移す企業や銀行は、唯一の保証として資金移転企業の約束と財務の堅実性だけをもってするのであろうか？　もし、この企業が破綻したら、誰が何の責任を取るのであろうか？

いかなる銀行または多国籍企業も、そのようなシステムに何千万ドルもの金額を日常的に移転するというリスクを冒しはしないであろう。再びそのことを繰り返して言わなければならない。タックス・ヘイヴンの銀行は、豊かな諸国と商取引関係を持っている場合にのみ役に立つのである。国際的クリアリングハウスは、介在している諸国の国内支払システムに完全に結びついた民間企業である。そのことは、それらクリアリングハウスの有効性の条件そのものである。この単純な事実により、それらは治外法権的なものではなく、それが拠点を置く諸国の国内法制に服している。しかるに、この国内法制は、はっきりと進化してきたのである。

一九九〇年、ついで一九九八年に、ＢＩＳ内のグループを形成しているＧ７諸国の中央銀行は、金融危機の可能性を減少させるために、各国中央銀行の国内支払システムに対する権利と義務に関する最低限の基準、いわゆる「ラムファルシー基準」を定めた。続いて各国は、その基準を国内法制に組み入れてきた。このラムファルシー基準がとりわけ興味深いのは、Euro 1のように資金の移転を引き受けたり、ヨーロッパに基礎を置くユーロクリア（Euroclear）やクリアストリーム（Clearstream）のように種々の通貨建の金融証券の移転を引き受けたりする国際的クリアリングハウスに対して、中央銀行が自国の国内法を適用することを可能にするものだからである。この基準は、これらのクリアリングハウスによって利用されるSWIFTメッセージの法的地位、決済リスクを減少させるための措置、民間銀行のデフォルト〔債務不履行〕の場合における中央銀行の最後の貸し手としての役割を規定している。いずれも、多大な資金を中継する者たちに不可欠な信頼性を確保する、確かな法的・金融的環境を構成する要素である。名も知れぬ銀行がクリアリングハウスにおいて多大な金額を債務として負い、次にその債務を履行せずにクリアリングハウス全体の破綻を引き起こす、ということを望む者は誰もいない。そうしたことは、非常に高い公算で、中央銀行が責任を負う国内金融システムの破綻を引き起こすことになろう。そうした理由で、たとえばEuro 1を利用できるようになるためには、それに加盟するか、加盟している銀行に依頼するかしなければならない。しかるに、法令の定めるところでは、銀行が加盟するためには、それが拠点を置いているEU内の国のRTGSシステムにアクセスを有していなければならず、これはその銀行に免許を交付するその国の中央銀行のもとに公認されることを前提とするものである。この免許は、その民間銀行が国内法を遵守することを誓約する場合にしか与えられない。そのうえ、各中央銀行は、こうした国際的クリアリングハウスの監督および統制の権限を有している。Euro 1はパリに本拠を置いていて、この任務を欧州中央銀行の代理として執行するフランス銀行の管轄下に服している。ユーロクリアはブリュッセルに本拠を置いていて、ベルギー国立銀行の統制下に服しており、ルクセンブルクにおけるクリアストリームについても同様である[20]。

マネーロンダリングを防止する法律にならって、米国連邦準備銀行は、躊躇なく、ラムファルシー基準の遵守を、自らが監視を行なっている国内支払システムにアクセスを有するための絶対必要条件にした。いかなるクリアリングハウスも、各民間銀行のポジションに関する情報を請求があり次第提供するのでなければ、RTGSシステムと連邦準備銀行に開設された勘定を利用して取引を決済することはできないであろう。(21)

もしも通貨取引税がある国の銀行・金融法制に含まれているのであれば、その国は、直接もしくは間接に国内支払システムへのアクセスを持ちたいと思うすべての金融機関に、当然それを遵守させる権限を持つであろう。

タックス・ヘイヴンやその他の治外法権的システムを出発点もしくは行き先とする、金融取引の身元特定についてはどうであろうか？

そこでもやはり、マネーロンダリングの防止ために考えられたり取られたりしている手段が教訓的である。

OECDのもとに［事務局が］あるFATF(22)によれば、解決策はSWIFTメッセージに含まれる情報を増やすことにある。FATFの要請に応じて、SWIFTは一九九二年七月三〇日に、全世界の顧客に対し、犯罪にかかわるものを突き止めるのに役立てるため、非銀行の依頼人および受取人すべての名前と住所を彼らのメッセージに含めるようにとの勧告メッセージを送った。しかし、この勧告はまったく義務的な性格をもっていなかった。最近まで強制する法律が存在しなかったからである。

一九九七年、ヨーロッパにおいて、新たな段階が踏み出された。ＥＵが域内におけるリテイルの国際送金に関する指令を採択したときである。前に見たように、この指令は、ＳＷＩＦＴメッセージの記入事項において、依頼人と受取人の身元特定を、取引の性質とともに義務的なものとしている。それゆえ、ＥＵは、ＦＡＴＦの勧告を実施に移すことを開始した世界最初の地域である。

しかしながら、その後も全世界の主要国政府、とりわけ通貨取引税に反対するものは、金融取引の身元特定は資本移動の大きさと複雑さのために不可能であると主張し続ける。この論法は、一貫して通貨取引税の支持者たちと対立していくことになる。

不可能なことが数週間のうちに可能になるには、不幸にも二〇〇一年九月一一日を待たなければならなかった。

米国政府は、非協力的なタックス・ヘイヴンを隔離するためそのリストを作ろうというＦＡＴＦの努力を糾弾したばかりのところであったが、九月一一日テロの後、二〇〇一年一〇月にはＦＡＴＦに対しテロ資金対策の提言をするよう要請することで、劇的な方針転換を遂げる。

行なわれた八つの勧告の中には、ＳＷＩＦＴメッセージの情報面での内容の問題が再度見いだされる。電子送金、言い換えれば電算化された銀行振替に関する第七勧告は、以下のように規定している。

「諸国は、資金送金業務を行なうものを含め、金融機関に対し、資金の移転とそれに伴うメッセージの送付に関して、依頼人についての正確で有益な情報（名前、住所、口座番号）を含めるように義務付けるべきである。その情報は、支払の連鎖すべてにわたって、資金移転およびそれに伴うメッセージに付随すべきである」。

米国財務省の国際問題担当の代表者によれば[23]、「……この八つの勧告は、速やかに、金融システムを保護するために各国が実現すべき進歩についての、国際的基準になった」。そこに加わることになるのが、「合衆国愛国者法」と呼ばれ、今後合衆国所在の銀行に、タックス・ヘイヴン所在のシェル・バンク（隠れ蓑となる銀行）に対するコルレス先の役割を果たすことを禁止する法律（第三章の第三一三条）である。さらに、一定の外国人の銀行口座に対する監視の強化が実施され、そこを通過する資金の出所の身元特定にまで及ぶ。

これらの展開すべてが示しているのは、タックス・ヘイヴンの問題は政治的意志が表明されればすぐにも解決できるということである。

■通貨の交換に代えて証券の交換を行なうことによる通貨取引税の回避

通貨取引税がかかる通貨の売買に代えて、銀行とその顧客は、金融証券、とりわけ豊かな諸国のＴＢ［Treasury Bill：短期の財務省証券。日本では割引短期国債に当たる］を売買しようと決めるかもしれない[24]。三月一日に、バンク・ポピュレールがチェイス・マンハッタン銀行から米国ＴＢを買い、後者が前者からフランスＴＢを買うものと仮定しよう。これは、それぞれの国において、国内取引として現れることになるだろう。

米国では、バンク・ポピュレールのコルレス先銀行が、ＴＢを売ったチェイス・マンハッタンにドルを移転する。このＴＢは、ドルと引換えにコルレス先銀行へ移転される★。ひとたびＴＢを保有するや、コルレス先銀行はこれを売ってドルを獲得し、それをバンク・ポピュレールの勘定に貸方記入する。同様の取引がフランスでも行なわれ、それによりチェイス・マンハッタン銀行は、そのユーロ・ゾーンにおけるコルレス先に保持している勘定に貸方記入されたユーロを入手することができる。三ヵ月後に、バンク・ポピュレールはドルを再び売って米国ＴＢを買い戻し、フランスで同様の取引を実行するチェイス・マンハッタン銀行との間で、これをフランスＴＢと交換する。

これらの取引すべては、為替取引を行なうことを回避し、したがって税を支払うことを回避するのを可能にするような、ＴＢのスワップ（一時的交換）を説明するものである。こうしたスワップ取引が日常化すれば、通貨取引税にとっての危険は明らかに重大なものになる。

しかしながら、より仔細に検討するならば、これはそれほど単純ではない。この種の代替はリスクなしではすまない。というのも、流動性（通貨）への代替物は、けっして完全ではないからである。各当事者は、同じ期限のＴＢを買って、それを交換し、それからそれを売らなければならないのであって、これはそのたびに取引費用を生じさせるものである。もしも取引が完全に同時化されなければ、両当事者はそれぞれの国における債券価格の変動リスクにさらされることになる。両行が、スワップの直前に支配的であった価格で債券を買い戻すことに合意するのであれば、このリスクはカバーできる。しかし、この場合、スワップがまさに税を回避することを目的としていたということを、当局は論証することができよう。さらに複雑で、さらに秘密裡のデリバティブ商品を考えることもできるであろうが、しかし、それらはますます流動性が低く、ますます費用がかかるであろう。そこで、Ｊ・トービンとＰ・ケネンが指摘するごとく、これはすぐに賭け金が蠟燭に値しない（割に合わない）ことになる危険がある。

それでもなお、為替市場を回避するために、実際に証券の交換の発展が見られるのであれば、それに直接課税することも可能であろう。そうすると、同じ目的のためにすべての金融取引に一般的税をかけるという、第1章で触れたケインズの案を実現することになろう。短期の投機を減少させ、投資の視野を長くし、社会的およびエコロジー上の支出のための収入を生み出すのである。

各国レベルでは、株式および債券の売買、相殺決済（ネッティング）、最終決済は完全に身元特定が可能である。フランスでは、ただ一つの会社がこの三段階のプロセスを行なっており、そのことで事態は一層単純になる。他の諸国では、取引の連鎖はそれほど統合されてはいないが、原理は同じである。メッセージング・システムが、課税に有益な情報をすべて伝えている。証券売買の決済は、当該国中央銀行のRTGSシステムを用いて行なわれる。

国際的レベルでも、やはり、貨幣を対価とした株式および債券の売買を執り行なうユーロクリア（ブリュッセル）やクリアストリーム（ルクセンブルク）のようなクリアリングハウスが、証券の交換への課税に必要な情報をすべて有している。それらクリアリングハウスのメッセージはSWIFTによって送り届けられ、また、それらの株主はしばしば同一である。クリアストリームに関する真相究明の著作『暴露』（*Révélation$*, Les Arènes, 2001［本章注20参照、この本の表紙ではタイトルの語尾のsを$と表記している］）において、ドニ・ロベールとエルネスト・バックが示しているところでは、これらのクリアリングハウスがその任務を果たすためにはそれぞれの取引の詳細な情報を必要とする。こうした情報は、コンピューター・ディスクにも保存される。それは不可欠なことである。なぜなら、すべてが非物質化されると、電算情報の保存だけが、ある銀行がまさにこれこれの金融証券の法的所有者であると証明する唯一の手段であるということになるからである。

この著作は、国際的クリアリングハウスが国際金融における重要な「交差点」であるということも、明らかにするものである。そこには、近年の金融スキャンダルすべての痕跡が見いだされる。麻薬、武器・人身売買、汚職や公金横領などにかかわるマネーロンダリングに最も積極的に関与してきた諸銀行は、非合法の金融と合法的な金融との間の穴だらけの境界を越えるのにクリアリングハウスを利用する直接的または間接的な加盟者なのである。

前に確認されたことが再び見いだされる。通貨取引税を実施に移すことは、国際金融を掌握することを前提するものであり、必然的に、他の領域でも有益な効果をもたらす真の透明性を確立することにつながるであろう。すなわち、タックス・ヘイヴン、汚いマネー、社会的支出をないがしろにしての諸国間での税制戦争［税の奪い合い］を促進する租税回避、などを防止する対策となるのである。まさにそれゆえに、ATTACのようなもう一つのグローバル化を目指す運動は、通貨取引税はそれ自体が目的なのではなくさらに包括的なプロジェクトの第一段階なのだと、たえず表明してきたのである。

補論——為替市場における取引のさまざまなタイプ

三つのタイプの取引が存在する。直物《じきもの》取引、先物取引、そしてデリバティブである。取引の圧倒

表１　為替市場における取引タイプ，世界の1日における取引総額（10億ドル）

	1995	1998	2001
相対交渉契約			
直物	494	568	387
単純先物	97	128	131
為替スワップ	546	734	656
通貨スワップ	4	10	7
為替オプション	41	87	60
推計誤差	53	60	36
相対合計	1,235	1,587	1,277
取引所組織市場契約	17	12	9
為替市場売買額合計	1,252	1,599	1,286

出所：BIS, “Central Bank Survey of Foreign Exchange and Derivatives Market Activity 1998” および，同 “Preliminary Global Data 2001”, www.bis.org

的多数（九九％）が、相対《あいたい》で交渉される。為替デリバティブの中では、ごくわずかな部分だけが、競りでの売買ができる取引所組織の市場で交渉される（表1参照）。

1．最も単純な取引は、直物取引である。ある通貨が他の通貨と、取引日に取り決められたレートで交換され、その後二日のうちに受け渡される。こうした直物取引は、一貫して減少傾向にある。直物取引は一九八九年に取引総額の五九％を占めていたのに対し、二〇〇一年には三〇％となっていた（表2参照）。

2．先物為替取引は、レートは今日取り決められるが、支払と受渡しは二日を超え一般に一年未満の将来の一時点でなされる通貨の売買であ

表２　為替市場における取引タイプ，世界総額に占める比率（％）

	1995	1998	2001
相対交渉契約			
直物	39.5	35.5	30.1
単純先物	7.7	8.0	10.2
為替スワップ	43.6	45.9	51.0
通貨スワップ	0.3	0.6	0.5
為替オプション	3.3	5.4	4.7
推計誤差	4.2	3.8	2.8
相対合計	98.6	99.2	99.3
取引所組織市場契約	1.4	0.8	0.7
為替市場売買額合計	100	100	100

出所：ドル額のデータより筆者が算出。

る。先物取引の二つのカテゴリーが区別される。第一のもの（二〇〇一年に為替市場取引額の一〇・二％）は、「単純先物」（アウトライト・フォワード）に該当するものであり、厳密にいま示した定義に対応するものである。この先物契約は、とりわけ非金融の企業によって日常的な貿易取引のために利用される。第二のカテゴリーは、スワップに該当するものである。スワップとは、「交換」もしくは「バーター」を意味する英語である。それゆえ、スワップとは交換の契約である。たとえば、二つの銀行が、今日決めたレートで今日もしくは将来の一時点に二つの通貨を交換し、次に、前もって決めた別なレートで将来の別な一時点に逆の交換を行なう、ということを約束するのである。これは「為替スワップ」と呼ばれ、その主要な利用者である銀行が短期（最大一週間）の為替リスクに対してカバーを取るためにこれを利用するので、フランス語では「為替トレーダーのスワップ」（Swaps cambistes）と呼ばれる。為替スワップは一貫して増加傾向にあり、二〇〇一年には為替市場取引額の五一％を占めている。

先物取引は、為替取引の大半を占めている。これは、一九八九年における為替取引総額の四一％から、二〇〇一年における六一％へと変化した（うち五一％がスワップ、一〇・二％が単純先物契約）。これは、組織的な市場［取引所］を経由することなく、直物取引と同様に、直接に銀行相互間もしくは銀行・顧客間で交渉がなされるという特性をもつ。それゆえ、相対での交渉がなされる。

3．デリバティブ［金融派生商品］は、その価値が原資産と呼ばれる他の資産の価格（この場合、直物為替レート）から「派生」している先物為替契約である。デリバティブは、為替市場を含め、金融市場すべてに見いだされる。これは、最先端の数学の発展を大好物としている、複雑な金融工学の力を借りた商品である。これを利用することで人々は、為替リスクに対してカバーを取ることも、また投機を行なうことも可能になる。為替市場では、通貨先物契約（通貨フューチャー）、通貨スワップ、通貨オプション［為替オプションと同じ］が識別される。通貨先物契約は、先に見た単純先物契約と同じ定義に対応するものであるが、特定の場所に位置する取引所組織の市場（競り［アウトクライ］または電算システム）で交渉が行なわれる点が異なる。最重要のものは、シカゴ、ニューヨーク、ロンドン、フランクフルト、東京、シンガポールにある。これらの市場は、後見役の各国通貨当局との合意のもとに固有の規則を定める民間企業によって構成される。この規則は、金額および満期日の面で契約の標準化を導き、このことがその買いもしくは売りを促進する。これは、顧客のニーズに応じて完全に特殊化されることをその利点とするが、簡単には転売できないという、相対で交渉が行なわれる単純先物取引とは正反対である。

通貨スワップは、為替スワップと似通っているが、異なる二つの時点に大量の通貨を交換するのみならず、その間にこれらの通貨がもたらす利子をも交換するという点が異なる。その期間はしばしば一年を超えるが、それに対して為替スワップは大抵一年未満の期間のものである。通貨スワップによって、企業は、自国通貨以外の通貨で資金調達を行ない、かつ長期における為替リスクに対してカバーを取ることが可能となる。通貨スワップは、たとえば直接に企業間でというように、相対で交渉が行なわれる。

通貨オプションは、その保有者、すなわちオプションの買い手に対し、あるプレミアム支払と引換えに、一定の期間中に一定量の通貨を前もって取り決められた価格で買う、もしくは売る権利を与える契約である。これは権利であって義務ではない。オプションは、取引所組織の市場でも、あるいは相対でも、交渉がなされうる。

［注］

（1）「トービン税」に関する標準的参考図書、Mahbub ul Haq, Inge Kaul and Isabelle Grunberg (eds.), *The Tobin Tax: Coping with Financial Volatility, Oxford University Press*, New York, 1996, の中で、J・トービンの論稿はプロローグに、P・ケネンの論稿は第4章「外国為替取引への課税の実現可能性」（P. Kenen, "The Feasibility of Taxing Foreign Exchange Transactions", p.109-128*）にある。

（2）EBS（Electronic Broking Services）は、主として、米国ドル、ユーロ、円、スイス・フランの

取引をカバーしている。ロイター社のDealing 2000-2は、英ポンド、スウェーデン・クローナ、オーストラリア・ドル、カナダ・ドル、ニュージーランド・ドル、そしてまたエマージング・エコノミーのいくつかの通貨に関して優位に立っている。

（3） Rodney Schmidt (1999), *A Feasible Foreign Exchange Transaction Tax*, The North-South Institute, Ottawa. http://www.nsi-ins.ca/english/pdf/tobin.pdf.（2001）"Efficient Capital Controls", *Journal of Economics Studies*, Vol. 28, n°3.

（4） 技術的に言えば、銀行はそのドルを先物で買うのであるが、設例を無用に複雑化しないため、この面を詳述することはしないでおこう。

（5） James F. Dingle, "The Element of the Global Network for Large-Value Funds Transfer", Bank of Canada, Working Paper 2001-1, により示されている例に基づく。［http://www.bank-banque-canada.ca/en/res/wp/2001/wp01-1.html］

（6） フランス語の「国際送金 virement transfrontalier（国境を越えた振替）」は、英語では「クレジット・トランスファー credit transfer」という表現で訳され、ちょうど小切手が当該銀行から硬貨や紙幣を手に入れる権利を個人に与えるのと同様に、これが別な銀行の口座からの引出権にかかわる問題であるという見方をよりよく表わしている。

（7） Society for Worldwide Interbank Financial Telecommunication SA. http://www.swift.com/

（8） 現実には、すべての重要な情報インフラは、完全な麻痺を避けるように、バックアップがなされている。二〇〇一年九月一一日の後、金融システムが非常に速やかに活動を再開することが可能だったのは、そのことによるものである。

（9） BICとIBANに関するより詳細な情報については、欧州銀行業標準委員会（European Committee for Banking Standards）のサイト http://www.ecbs.org を参照。

(10)　これらの情報は、SWIFTのサイト、とりわけMT103のメッセージ標準への移行に関するFAQ（Frequently Asked Questions）の項で、確認できる。France 2［フランスのテレビ局］のジャーナリスト、S・ヴィルベール（S. Vilbert）は、『特派員』（Envoyé spécial）という番組用のルポルタージュ（「世界金融、マフィアの脅威」一九九九年）に際し、我々が主張していることの確証を得ていた。SWIFTの代表者は、それらのメッセージが「トービン税」の徴収に必要な情報を含んでおり、当該中央銀行に情報を知らせることを可能にするようなコンピューター・プログラムの修正は完全に実現可能である、と不承不承ながら認めたのであった。

(11)　次の文書でこの情報を確かめることができる。マネーロンダリングの目的に金融システムを利用することの防止に関する一九九一年六月一〇日の理事会指令 91/308/CEE、二〇〇一年一二月四日の指令2001/97/CEにより修正。http://europa.eu.int/scadplus/printversion/fr/lvb/l24016.htm 国際送金（五万ECU未満、後に五万ユーロ未満）に関する一九九七年一月二七日の欧州議会・理事会指令。http://europa.eu.int/scadplus/leg/fr/lvb/l24023.htm［英語版は"fr"を"en"に置き換えたサイトにある］

(12)　Clearing House Interbank Payment System.［一九七〇年にニューヨーク手形交換所が運営主体となって稼動開始した、アメリカの国際取引に関する大口ドル決済システム。日本の外為円決済制度（一九八〇年より）に相当］

(13)　"Trans-European Automated Real-Time Gross Settlement Express Transfer".

(14)　現時点では、ある民間銀行が、別な銀行に支払をするよう通知するSWIFTメッセージをRTGSシステムに送るときには、そのメッセージはMT202タイプのものである。これは、P・B・シュパーンがその報告書［前出、第1章注28参照］（p.48）で指摘しているように、中央銀行が為替取引を特定することを可能にする情報も、ある場合には受取人を特定することを可能にする情報さえも、含んでいない。しかし、これは、こうした情報を中央銀行に明かさないという民間銀行の意識的な選択の問題であって、技術的な障害とはならない。ＭＴ２０２形式でのメッセージに含まれる情報を増やすか、あるいは、銀行が顧客から受け取るＭＴ１０３形式をとったメッセージのコピーを提出するかの、いずれかがなされなければならない。

(15) ＥＵでは、二〇〇二年において、銀行は一万二五〇〇ユーロを超える取引を申告しなければならない。この閾値は、銀行の要求により五万ユーロに引き上げられるかもしれない。

(16) ＣＬＳはContinuous Linked Settlementを表わし、「絶え間なくリンクさせた決済*」と訳すことができよう。［ＣＬＳは、本書の原書出版後、二〇〇二年九月九日に本格稼動開始した。決済通貨は、本文記載のものにスイス・フランを加えた七通貨であったが、二〇〇三年に四通貨（デンマーク・クローネ、ノルウェー・クローネ、シンガポール・ドル、スウェーデン・クローナ）、さらにその翌年にも四通貨（香港ドル、韓国ウォン、ニュージーランド・ドル、南アフリカ・ラント）を加え、一五通貨となった］

(17) Dean Bakerはアメリカの経済学者、ＣＥＰＲ［Center for Economic and Policy Research］共同理事で、通貨取引税の支持者であり、さらに一般的な金融取引一般税の支持者である。その著作のいくつかは、ＡＴＴＡＣのサイトでフランス語でも閲読可能である。我々が参照しているのは、次の文書である。“Making a Workable Tobin Tax: a response to Helmut Reisen”, 2002.

(18) トレント大学（カナダ、オンタリオ州ピーターバラ）のEric Helleiner教授は、犯罪資金ロンダリング対策のためにとられる方策のいずれもが、資本の統制に基づく国際通貨システムを再建することを可能にする手段となるということを示している。我々はこの考え方を通貨取引税のケースにも取り入れる。以下を参照。“The Politics of the Global Financial Regulation: Lessons from the Fight against Money Laundering”, Center for Economic Policy Analysis, New School for Social Research, CEPA Working Paper Series III, No.15, April 2000*, http://www.newschool.edu/cepa/publications/workingpapers/archive/

cepa0315.pdf ［L.Taylor and J.Eatwell, eds., *International Capital Markets*, Oxford University Press, 2002, 所収］

（19） Carl Levin 議員による、*Minority Staff of the U.S. Senate Permanent Subcommittee on Investigations Report*, 米国上院、二〇〇一年。報告書のタイトルは特に示唆的で、「コルレス・バンキング――マネーロンダリングの入口」"Correspondent Banking: A Gateway for Money Laundering" となっている。特に一三～一四ページを参照。http://www.senate.gov/~gov_affairs/020501_psi_minority_report.htm

（20） Robert Denis et Ernest Backes, *Révélation$*, Éditions les Arènes, [2001] ［藤野邦夫訳『マネーロンダリングの代理人――暴かれた巨大決済会社の暗部』徳間書店、二〇〇二年］の示すごとく、「クリアストリーム事件」は、ルクセンブルクの通貨当局のコントロールが必要とされる厳格さをもって行なわれなかったということを証明している。下記［本書一九六～七ページ］を参照。

（21） 一九九四年のＦＲＢ［連邦準備制度理事会］の以下の通達を詳細に引用している Rodney Schmidt（2001）を参照［前出、本章注3］。Policy Statement on Privately Operated Large-Dollar Multilateral Netting Systems, US Federal Register 59/249 Part IV, US Federal Reserve.

（22） 「マネーロンダリングに関する金融活動作業部会」（ＦＡＴＦ：Financial Action Task Force on Money Laundering）は、マネーロンダリング対策の戦略を構想および促進することを目的とする政府間組織である。マネーロンダリングとは、すなわち、犯罪性をもつ収入という非合法の源泉を偽ることを本質とするやり方である。ＦＡＴＦは現在二九ヵ国と二つの国際組織すなわちＥＵおよび湾岸協力会議を結集する。その加盟国の中には、ヨーロッパ、南北アメリカ、アジアの主要金融センターが含まれている。

（23） 国際問題責任者の財務省次官補 Randy Quarles の在米国際銀行家協会（ＩＩＢ：Institute of International Bankers）年次大会におけるスピーチ。［二〇〇二年三月、http://www.iib.org/rquarles.pdf, p.3〕

（24） この問題は、以下の標準的参考書の中で提起されている。P. Garber (1996), "Issues of Enforcement and Evasion in a Tax on Foreign Exchange Transactions" in: Ul Haq M., Kaul I., Grunberg I., eds., *The Tobin Tax: Coping with Financial Volatility*, Oxford University Press, New York & Oxford.

★〔訳注〕ここは証券スワップの例として以下のような例を考えた方がわかりやすい――バンク・ポピュレールは、フランスでチェイス・マンハッタンに渡すフランスＴＢと引換えに、米国では米国ＴＢを獲得する。このＴＢは、バンク・ポピュレールのコルレス先銀行へ移転される。

第4章　いかにして通貨取引税を実現すべきか？

本章は、空想政治小説に陥ることなく、通貨取引税の政治的実現可能性を検討しようと試みるものである。通貨取引税を支持する運動の簡単な現況報告から始めることにする。それは現在、通貨取引税を同時的な仕方で創設する国際条約の採択を期待できるほど、十分なものではない。ついで我々が主張する主要なポイントは、それでもなお、税は地域的なイニシアティブから誕生して、それから次第にすべての国々へと広がり得るということである。第二のポイントは、南の諸国のドル化に代わるオルタナティブを提供し、今日危うくなっている経済的および政治的選択の自律性をこれら諸国が回復することを可能にするような、通貨協力圏の形成に、通貨取引税が有益な貢献をなしうるということである。最後に、普遍的な通貨取引税に基づく、世界規模における通貨協力圏の作用の様子をスケッチしてみることにする。

通貨取引税を支持する運動の前進

一九九〇年代は、グローバル化にとって最初の危機の時期であった。この現象についての明確な認識と、国際的な抵抗のネットワークの出現には、時間がかかった。各国次元で実際に体験される状況は非常に異なったままなので、世論は国によって全くさまざまなままであった。

南の諸国では、不幸にも、貧困対策がどの大陸でも見いだされる関心事である。しかし、国際的債務とＩＭＦの構造調整政策、そして今日の金融的グローバル化との関係は、アフリカ、ラテンアメリカ、アジアにおいて同じように体験されてはいない。概してアジア諸国は、アフリカやラテンアメリカの重債務状況や、これらの地域につきまとってきた構造調整政策を経験してこなかった。一九九七~九八年の危機によって初めて、アジア諸国の大部分がＩＭＦの強制的押し付けを受けざるを得ずいわば「一兵卒の地位に戻る」ことになり、アフリカやラテンアメリカの不幸の仲間入りをしたのである。これらの諸国の大部分において通貨取引税が知られるようになり始めているが、それはしばしば元の「トービン税」のバージョンにおいてである。その結果、この税は、アジアの場合のように被る資本逃避の猛威に比べて不十分であり、とりわけ、アルゼンチンの場合のように手遅れになる、という感覚が生じている。

北の諸国、とりわけヨーロッパでも、通貨取引税を支持する運動はさまざまなペースで行なわれたのであり、いくつかの国、たとえばフランスは非常に早くからグローバル化を脅威として感じたのに対し、経済の力が強いドイツの世論は一時期、その主な受益者の一員になると考えたのであった。しかし、次第に、通貨取引税は、いくつかの国際的な公式サミットに合わせて行なわれた運動の際、そしてブラジルのポルトアレグレの町で開催された世界社会フォーラムの際に、系統的に繰り返される要求項目の一つ——幸いにして唯一の要求ではないが——になってきた。

ヨーロッパにおけるその拡大に先んじて、フランスにおいてATTACが創設された時である一九九八年以降に行なわれた多数のデモや会合を一つ一つたどることは不可能なので、議会での前進の要約に限定することにしよう。この前進は、諸国のATTACを含むNGOの国際的なネットワークにより展開される闘争活動の到達点である。諸国のATTACは世論を動員するすべを理解して、たとえばフランスのようにしばしばATTACのメンバーでもある議員がこれを引き継いで、確信をもって、毎年それぞれの議会に法案を提出してきた。

カナダは、一九九九年三月二三日に、国際社会と協調して通貨取引税を創設することを政府に要求する法律を、議会が大差で採択した最初の国である。不幸にして、他国の場合と同様に、法律の可決は、政府が国際機関の中でそれを擁護するよう強制するものではなく、政府は議会多数の選択に反して行動するのを差し控えようとはしなかった。二〇〇二年三月、モンテレイ・サミットの際、通貨取引税がドイツ政府によって討議に付されたのであるが、当時の財務大臣ポール・マーティン［二〇〇三年一二月以降首相］がカナダ議会での採決で法律に賛成していたにもかかわらず、カナダ政府はそれを擁護するために何もしなかった。

二〇〇〇年四月、米国で、ＩＭＦと世界銀行の会議に際し、ピーター・デファジオ下院議員とポール・ウェルストーン上院議員により、議会に決議案が提出された。「世界議員アピール」(1)が出されたのもやはりこの時であり、これは二〇〇二年一月のポルトアレグレ第二回世界社会フォーラムの際に、五大陸の議員八五八名の署名を集めていた。これは、オーストラリアからアルゼンチンまで、カメルーンからアメリカ合衆国まで、メキシコから欧州連合（ＥＵ）――そこでは欧州議会の超党派連合「資本課税・税制・グローバル化」が通貨取引税支持の活動をしている――にまでわたるものであった。これは「トービン税を求める議員たちのニュースレター」を発行している。

フランスでは、通貨取引税が速やかに、もう一つのグローバル化を目指す運動の重点要求項目の一つになった。団体ＡＴＴＡＣ(2)は、金融の奪還と国際的連帯の単純な手段として自然に浮かび上がってきた「トービン税」の要求を軸にして、一九九八年に設立された。通貨取引税を擁護することは、まず、国際金融が今日どのように機能し、どうしてそれがこれほど多くの機会を投機に与えているのかを理解することである。今日三万人のメンバーを結集するＡＴＴＡＣフランスの成功の一因は、理解しようというそうした意欲を満たすことに努めることで、人々の教育と、提言を前進させるための行動とをうまく結びつけることができたことである。まだ多くのことが課題として残っているとはいえ、通貨取引税の要求は最も前進したものの一つである。というのも、二〇〇一年一一月一九日、フランスの国民議会［下院］が、単一税率という元のバージョンでの「トービン税」を盛り込んだ二〇〇二年財政法修正を可決したからである。この修正は、ＥＵの他の諸国による同一原則の採用があり次第、二〇〇三年一月一日に実施に移されることになる〇・〇一%から〇・一%までの税を創設するものである。それはコンセイユ・デタ（国務院）で採択された。★したがって、フランスは、カナダに続いて通貨取引税の原則を採用した第二の国である。

ベルギーでは、既にトービン税についての公聴会を実施していたベルギー下院および上院が、一一月九日と一二月七日に相次いで、二〇〇一年後半ベルギーがEU議長国となる機会を利用して通貨取引税の実現可能性を検討することを、政府に求める決議を採択した。これらの決議により、ベルギー政府は、この問題を二〇〇一年九月リエージュでのEU財務相理事会の議題にすることを余儀なくされることになった。「ECOFIN」理事会［経済・財政問題理事会（財務相理事会に同じ）］は、欧州委員会に対して、通貨取引税の実現可能性についての新たな報告書を求めることだけにとどめることになる。この報告書は、二〇〇二年二月末に提出され、案の定、否定的な結論を出すことになる。フランス、フィンランド、ベルギーの財務省により、この種の三つの報告書が既に作成されていたが、互いに引用し合うばかりで、通貨取引税の擁護者たちの立論を真剣に検討することはなかった。これらの報告書は矛盾するところがなく、結論は前もって書かれていたのである。二〇〇二年三月一三日には、ベルギー議会に、シュパーン型の二段階の税制案を手直しした法案が提出されていた。その提案は、ベルギーの議員たち（社会党、緑の党、キリスト教社会党、その他）と金融的投機に反対するアクション・ネットワーク（NGO、組合、ATTACベルギーなどを結集する）との間の緊密な協力の到達点である。フランスの場合と同じく、この税は、もしも他のEU諸国が同様の措置を採用するのであれば、二〇〇三年一月一日に実施に移されることになるであろう。ベルギー法案の興味深い点は、付加価値税［VAT］に関する欧州第六次指令［一九七七年制定、VAT課税ベースの統一などを定める］の枠組みを用いて、P・B・シュパーンの提案を法制化していることである。付加価値税に適したその技法は、世界の八〇ヵ国で採用されてきたものであり、そのことで通貨取引税の各国国内法への統合は容易になるであろう。

ドイツでは、二〇〇一年におけるATTACドイツの設立と急速な成功が、非常に種々雑多な要素から成るものの、債務帳消しを求める国際キャンペーンに力強く取り組むことに卓越していた社会運動に、新たなはずみをつけた。その最初の具体化は、通貨取引税の実現可能性についての報告書を、ドイツ［経済協力］開発省がドイツの著名な専門家P・B・シュパーンに依頼したことに見られる。開発省は、報告書の好意的結論を、そのまま受け入れはしなかったものの、それをモンテレイの開発資金サミットに討議材料として提出した。この提案についてのメディアの反響は、もしもEU諸国政府が通貨取引税を支持する統一戦線を展開していたなら何が可能となっていたかを示している。一九九九年に創設された連邦議会［下院］のグローバル化に関する調査委員会が、二〇〇二年六月、連邦議会への二〇〇項目の行動勧告の中で、ヨーロッパにおける通貨取引税の創設とタックス・ヘイヴン対策に賛意の立場を明らかにした。

イギリスでは、二〇〇一年四月二五日、労働党代議士のハリー・バーンズが、一三一名の代議士の署名とクレア・ショート開発大臣の支持を得た動議を提出した。二〇〇一年一一月一六日、ゴードン・ブラウン財務大臣が、米国連邦準備銀行において、政府開発援助の倍増を擁護し、通貨取引税の検討を明示的に促す演説を行なった。この演説は、二〇〇一年九月一一日のテロに続く短期間に、貧困を後退させるために何かをすることがおそらくは望ましいであろうということを、G7諸国政府が互いに語り合った中に含まれる。しかし、すぐにもう記憶を呼び起こすことが必要になってきた。というのも、二〇〇二年三月に、労働党代議士ハリー・バーンズが、フランスの例を拠り所にして、そうした税の採用に向けた新たな動議を六つの諸政党の多数の人士の支持を受けて提出したからである。この動議は、ゴードン・ブラウンに、二週間後の開発資金調達のために向けられるモンテレイ会議の際に通貨取引税を支持するよう求めていた。通貨取引税を支持するこの活発なキャンペーンは、同じ週にNGOのウォー・オン・ウォントに引き継がれ、これがトービン税について多数の経済学者や政治家を集めたセミナーや、このような税の採用を呼びかけるフィルムの下院での上映を企画した。俳優ユアン・マグレガーとレディオヘッドの音楽により、通貨取引税支持を主張する短編フィルムは、政治的メッセージを伝えるものということで、イギリスのテレビでは放送禁止になった(3)。

スイスでは、通貨取引税導入を提案する議員立法が、議会で審議されることになった。国民発案による国民投票も、ATTACジュネーヴのイニシアティブで行なわれるかもしれない。

イタリアでは、ATTACイタリアが、通貨取引税についての審議を議会に義務付ける八万人署名を集めるという法律に適ったキャンペーンを展開した。

フィンランドでは、フィンランド政府が通貨取引税の創設を公式に支持している。

ブラジルでは、二〇〇〇年以降、「トービン税を求める議員戦線」が、労働党代議士アロイジオ・メルカデンテス――ブラジル共和国大統領候補に何度もなっているルイス・イナシオ・「ルラ」・ダ・シルヴァ［ルラは二〇〇二年一〇月選挙で当選、二〇〇三年から大統領］の経済顧問の一人――の周囲に約百人もの下院議員・上院議員を集めている。

メキシコでは、議会に一つの動議が提出され、八五人の議員が、世界議員アピールに署名した。アルゼンチンでは、二〇〇一年五月、この国が既に破滅の淵に瀕していたとき、ATTACアルゼンチンのイニチアチブで、一五人ほどのいくつかの政党に属するアルゼンチン代議士が、通貨取引税の創設を求める決議案を提出した。この折に、三六人のアルゼンチン議員が、世界議員アピールに署名している。それ以後、アルゼンチンは破滅の奥底に落ち込み、危機から脱け出すため緊急に取らねばならないのは、全く異なる規模の政治的・社会的・経済的措置であることが明瞭になる。そうした措置の中では、まだこの国を逃げ出していない資本が逃げ出すのを防ぐために、資本規制がただちに実施されるべきであろう。もっと長期には、アルゼンチンが自国通貨を再び取り戻すことを決心したならば、新たな危機の再発を防ぐことを狙いとした、二段階の通貨取引税が通貨を投機から防衛する恒常的な手段になるであろう。

アジアでは、資本規制と通貨取引税とを支持する運動が本当に始まったのは、一九九七～九八年の危機の後になってからでしかない(4)。アルゼンチンの場合と同様に、危機の打撃を最も受けた諸国の注意は、まず、危機から脱け出すために実行に移すべき解決策に向けられた。通貨取引税は、数ある資本規制の手段のうちの一つとして分析される。フィリピンのNGOは、二〇年来IMFの調整計画に直面しているため、最も敏感である。韓国では、NGOの「経済正義実践市民連合」、強力な組合全国組織である全国民主労働組合総連盟（KCTU）、および、民主労働党が、資本規制および通貨取引税の主要な支持者である。彼らの目標は、議会で法律の可決を獲得することである。

日本では、その他のアジアとは逆に、通貨取引税を支持する運動は、とりわけ開発のための新たな財源を引き出せる可能性によって動機づけられている。いくつものNGOや組合全国組織の「連合」が、この観点から一九九五年以降、通貨取引税を擁護してきた。グローバル化と環境問題を懸念した東京および京都での若者たちの運動の出現、二〇〇二年におけるATTACジャパンの設立とポルトアレグレの第二回世界社会フォーラムへの出席は、新たな展望を与えるものである。

インドでは、二〇〇一年三月に、インド首相が、資本移動への国際的次元での課税を提案している。

これらのイニシアティブすべてが物語るのは、世論の関心の喚起、活動家および議会の行動という観点での、為替取引への課税という提言の前進と地理的拡大である。同時に、通貨取引税の支持者たちは、とりわけその同時的実施を達成する国際条約の形でその速やかな採用を期待するには、力関係が依然として非常に大きく不利なままであるということを十全に自覚している。それに、これは考えられているシナリオではない。世界の中の一地域が、イニシアティブをとることができよう。ヨーロッパ各国のATTACやヨーロッパにおけるその他の協同関係にある組織は、EUが一方的な仕方で通貨取引税を実施に移すことを求めて闘っているのである。

世界のすべての国が合意に達するのを待つ必要はない

お決まりの一つの批判が主張するのは、通貨取引税は世界のすべての国によって同時に採用されるのでなければ誕生し得ないのであるが、そんなことは考えられないというものである。

通貨取引税が普遍的な使命であるというのは確かである。通貨取引税を実施する国の数が多ければ多いほど、脱税はわずかになるのでそれはうまく機能するであろう。理想としては、国連総会で交渉および採択された国際条約があれば、通貨取引税の同時的かつ普遍的な採用の手はずを整えることができよう。

不幸なことに、現状では、このシナリオはほとんどありそうもない。大半の国の世論と諸国政府を確信させるのは、まだこれからの課題である。しかし、何といっても米国政府により巧妙に続けられている国連への敵対が、事態をなお一層難しくしている。国連は、効力の少ない人道支出に無駄遣いされるのが避け難い税金を貪り求め、腐敗へと堕する、官僚主義の怪物のような存在として非難されている。反国連のアメリカ世論を高めることを狙いとする、こうした単純化した反動的な言説には、もう一つの究極的な目的がある。その言説は、国連によるある種の決議の採択に影響力を及ぼしたり阻止したりするために、米国が行なっている恒常的な財政上の脅迫を正当化するのである。この伝統的な帝国主義は、大発見をしたかのように見せかける人々により今日「ユニラテラリズム」（単独行動主義）という新しい名を与えられているが、二〇〇一年九月一一日のテロ以降、激しさを増しながらあらゆる問題に影響を及ぼしており、その最新の「犠牲者」は、米国が免れようとしてきた国際刑事裁判所［ＩＣＣ：ジェノサイドや人道に対する罪などを裁く常設の国際刑事法廷で、ハーグに設置。ＩＣＣ規程は、六〇ヵ国の批准により二〇〇二年七月一日発効したが、米国は批准しておらず、日本も未批准］である。

通貨取引税に関する領域では、目標は国連の自主規制を達成させることである。実際、米国は二〇〇〇年［度歳出法、一九九九年］に、国連への財政的貢献はすべて以下の条件によると規定する法律を制定した。すなわち、「……国連もしくはそのどれかの専門機関のために資金調達することを目的として、米国市民に税を適用もしくは賦課することを狙いとするいかなる計画にも国連が取り組まない」ということである[5]。

この脅迫は、実にけちけちした仕方で実行に移されさえした。というのも、米国の代表者たちは、トービン税についてのある批判的分析書の国連による出版を阻止しようとして成功したからである。結局、その著作は別な出版社によって出版されることになる[6]。

通貨取引税は、アメリカの保守主義者により「国連の税」として非難されており、そのことは討議に入る以前にもう失格にさせることと見なされるのである。

こうした民主的討議にはあまり好都合でない文脈において、もう一つのグローバル化を求める運動は、このオール・オア・ナッシングのロジックと手を切るのが可能なことを示そうと努力してきたのである[7]。

われわれが前に展開した技術的実現可能性の分析は、通貨取引税を各国ベースで徴収することが可能であるということを示した。(8) このことは、世界中のどの国でも、その規模がどれくらいであっても、この税を一方的に実行に移せるということを意味するものではない。

その反面で、全世界が合意に達するのを待たずとも、そしてとりわけ米国の許可を求めずとも、一グループの諸国が通貨取引税を実施する主導権をとることは可能である。最も単純なのは、こうした諸国が同じ大陸もしくは世界の中の地域に属するということであろうが、それはどうしても必要なことではない。

■ＥＵは通貨取引税を実行に移すためのすべての条件を併せ持っている

欧州連合（ＥＵ）は現在一五ヵ国を結集しており、そのうち一二ヵ国はユーロを採用したが、イギリス、デンマーク、スウェーデンの三ヵ国は自国通貨を保持することに決めた。近い将来におけるＥＵへの新規加盟諸国の統合は、おそらくユーロ・ゾーンの一員ではない国の数を増やすことになるであろう［実際二〇〇四年には一〇ヵ国が新規加盟したが、加盟の時点ではいずれもユーロ使用国になっていない］。

提起される最初の問題は、ユーロ・ゾーンが通貨取引税を創設する主導権を取るのに十分なほど大きな規模のものであるのか、それとも、他の諸国、とりわけイギリスを含めることが不可欠であるのかどうかということである。ＥＵの範囲外では、ヨーロッパのすべての国の合意、とりわけスイスの合意が不可欠なのではないだろうか？

ユーロ・ゾーンは、実際上はＥＵの重みと同等の経済的・地理的・人的重みを有している。ＥＵ

は、米国の重みに匹敵する経済的重みを有している。この面で、もしも米国が通貨取引税を一方的に採用するのに十分な規模を有していると考えるのであれば、そのことはEU、さらにはユーロ・ゾーンにも当てはまる。ニューヨーク証券取引所（ウォール街）とナスダック（Nasdaq）に上場されている企業の株価時価総額が、世界の他の取引所すべてを合わせたもののそれより大きいとしても、為替市場における力関係はそれと同じではない。二〇〇一年に、米国は為替取引の一五・七％を実行したが、これはすなわち、ユーロ・ゾーンの一四・八％よりかろうじて多いだけのものであり、イギリス（三一・二％）の圧倒的重みゆえに四八・九％を実行したEUの三分の一である。もしも通貨取引税の実施においてスイス（四・四％）がEUに加わるとすれば、為替取引の五三％が課税されることになろう。

たとえ、通貨取引税の採用の結果、ヨーロッパの外に取引の一部が移ったとしても、ヨーロッパには全く十分な臨界質量［必要量］が存在する。ユーロ・ゾーンには、米国と同等の為替取引総額があって、十分な臨界質量を有するのである。ましてや、EUおよび全ヨーロッパであれば、世界の為替取引の半分に課税することができよう。

恐れるべきは、大量の資本逃避、経済的混乱状態、通貨取引税を採用しない金融市場を利する形でのヨーロッパの弱体化であろうか？

■資本逃避のおそれ

最初の時期には、通貨取引税の採用が短期資本の大量流出を引き起こす可能性がある。経済的衝撃よりも政治的衝撃が、金融的投資家に、自分たちのいわゆる「ポートフォリオ」投資（証券投資）の全部または一部を失うという懸念を抱かせ、大量の引き揚げに向かわせるかもしれない。こうした現象は、かつて一九八一年にフランソワ・ミッテランの当選がフランスにおける共産主義の到来を告げるものだと大資産家たちが信じたときに生じたものである。フランス経済はその後も生き延びた。一九九七〜九八年にアジアを襲った経済危機の際、マレーシアは資本の逃避を止めるために資本規制を導入した。資本移動の自由を尊重しない国にはもはや決して投資をしない国際金融界により、厳しい試練を約束されたものとして、当時、国際金融専門のジャーナリズムはマレーシアについて最悪の破局を予測していた。しかしながら、資本は帰ってきた。なぜなら、投資家たちの一時的パニックをやり過ごしてしまえば、また時には、問題の国を罰しようという意志をやり過ごしてしまえば、その国の経済的な潜在能力が長期的にはやはり最も重要な判断基準であり続けるからである。もしもアメリカ政府が純粋に政治的な理由から執拗にキューバをボイコットし続けることをしなかったなら（そして中華人民共和国についてはそうしていないのであるが）、アメリカの多国籍企業は既にそこに大量に投資をしていたことであろう。

この観点からすれば、ユーロ・ゾーンとＥＵは有利な位置にある。短期の外国投資家がヨーロッパ市場を最終的に放棄するなどというのは、完全に非現実的である。彼らはすぐに戻ってくることになろう。それに、短期の資本というのは、投機に密接に結びついている資本である。その流出は破局ではなかろう。そのことは、経済の資金調達を、短期の高利潤を追求する証券取引所投資よりも、むしろ銀行信用の基礎上に据えることが、どれほど望ましいことであるかを示すものであろう。

中長期的には、ユーロは他の通貨よりも安定的になるはずであるから、ユーロ・ゾーンは長期を指向する投資家の信認と生産的投資を得ることになり、そのことが成長を強化することになるであろう。

■為替取引の海外移転のおそれ

しばしば主張される議論は、取引の交渉、すなわち、外貨を売買する行為の全部または一部が、税を実施する国以外に移転されてしまうというものである。この可能性は、ユーロ・ゾーンだけが通貨取引税を採用する場合には、事実として生じうるであろう。実際、ロンドンの取引所は、世界第一の為替市場であるのみならず、とりわけユーロの第一の市場でもある。BISによれば、二〇〇一年四月に、ユーロ対ドルの市場売買額は、一日当り取引総額がロンドンでは一七〇〇億ドルに達していたのに対し、ユーロ・ゾーンでは一三五〇億ドル（うちフランクフルトで四五〇億ドル、パリで三一〇億ドル）であった。もしもユーロ・ゾーンだけが通貨取引税を採用したとすれば、この不均衡は強まることになろう。そのことはユーロ・ゾーンの諸銀行にとって損害となり、これら諸銀行はディーリングルームをなお一層ロンドンに移転しようという誘惑に駆られることになろう。

この税の主要部分が交渉地において徴収されるべきであるとすれば、この議論は重大なものとなるところであろう。この場合には、ユーロ・ゾーンのすべての銀行が、ロンドンもしくはチューリッヒに完全に移転しようという誘惑に駆られるであろう。しかし、われわれが主張する提案では、取引の九五％が、交渉地ではなく支払地において課税されることになる。この見地からすれば、デイーリングルームをロンドンに移転しても、ユーロ・ゾーンの銀行はユーロ・ゾーンにおける通貨取引税を免れることはできない。次のことをもう一度思い起こしておこう。ユーロはロンドンにおいてドルと引換えに売買されることはできるが、それはロンドンにおいて支払われるのではなく、ユーロ・ゾーン諸国において、その地にあるコルレス先銀行によって支払われるのである。税が支払地において徴収されるのであれば、ユーロがロンドンで売られようが東京で売られようがたいした問題ではない。本質的なことは、その「入口」が、進行中の為替取引の支払に関する完全な情報をユーロ・ゾーン諸国の中央銀行にもたらすという意味において、ユーロ・ゾーンの支払システムが「閉じて」いるということである。

そのうえ、ロンドン市場の強みは、また弱点ともなり得る。ユーロ対ドル、円、ポンド、スイス・フランの市場売買は、ロンドン市場の取引額の四八％を占めている。ユーロ・ゾーンにおける支払を確保するコルレス先銀行は、ロンドンの依頼元銀行［レスポンデント銀行］に対し、請求する手数料の引き上げの形で通貨取引税の一部を支払うように求めることができる強い立場にあるであろう。

イギリスのユーロ・ゾーンへの加盟という場合には、こうした諸問題のすべてが解決できることになろうが、このことは完全にありそうもない仮定というわけではない。イギリスの国内支払システムは、今や既にユーロ・ゾーンの域内支払システムに緊密に結びついている。たとえば、イギリスのＲＴＧＳ［即時グロス決済］システムのＣＨＡＰＳ［Clearing House Automated Payment System：イングランド銀行と民間銀行の共同出資会社が運営、一九九六年より即時グロス決済に移行、一九九九年よりCHAPSユーロとCHAPSスターリングの二本建てであったのを二〇〇一年八月統合しデュアル・カレンシー決済を行なう「ニューCHAPS」としている」は、技術的観点からすれば、ユーロ・ゾーンのRTGSであるTARGETと完全に整合的であり、イギリスが将来ユーロ・ゾーンに加盟することを可能にするようになっている。

通貨取引税を採用するのがEUであれば、そのときはロンドンへの銀行活動の移転のおそれは最終的に消失し、課税できるのは為替取引の半分近くになる。

ここまで詳述してきた同じ理由により、スイスの欠落も、EUによる通貨取引税の採用を妨げるものではないであろう。しかし、その半面、スイスの加盟があれば、課税の対象になる取引の量を増やすことが可能になるであろう。

ここまで我々が述べてきた条件からすれば、ユーロ・ゾーンないしEUは、「通貨保護圏」（ZMP：zone monétaire protégée）と呼ぶことができるようなものを創設するという決定を行なうことができよう。これは、通貨取引税を用いて、自国通貨を投機から集団的に保護するイニシアティブを取る幾つかの国によって構成される。

「通貨保護圏」の創設

前のほうの章［第1章］において我々は、ユーロ対ドルの為替相場が比較的安定している時は低水準の税、その為替相場があらかじめ定められた限度を超える時は没収的な付加税という、P・B・シュパーンにより提唱されたメカニズムを説明した。このメカニズムは、自国通貨の為替相場を集団的に管理しようと決める諸国のグループに拡張することができる。いくつかの例を挙げよう。

手始めに、ユーロ・ゾーンの一二ヵ国だけで、何よりもまずユーロ対ドル、円、ポンドの為替相場を安定させることを狙いとして、通貨保護圏を創設しようと決定するものとしよう。これらの通貨は、ユーロとの取引が断然最も多くなされている。米国、日本、イギリスは、ユーロ・ゾーンの主要貿易相手国だからである。しかし、そのバスケットには、それぞれの貿易の大きさに応じて、あるいは、有益と考えられる全く別な判断基準に応じて、ユーロ・ゾーンにとってのそれ以外の貿易相手国すべてを含めることもできる。こうするためには、米国や日本やイギリスの承認を求める必要はない。これら諸国の協力は、あからさまな敵対よりも望ましいとしても、必要はないのである。ユーロ・ゾーンの諸国は、ユーロの為替相場がドル、円、ポンドの為替相場から一定割合以上離れてはならないと、一方的に決定することができる。

いったんバスケットが定義されれば、すべての通貨の対ユーロ為替相場の移動平均を計算することができる。移動平均が計算される過去の期間は、完全に自由な余地のある経験的な問題である。ついで、ユーロ・ゾーンは、この平均に対するユーロ為替相場の「正常」と判断する偏差の比率を決定する。ユーロの変動がこの偏差よりも小さいものにとどまっている限りは、通常の税率、たとえば〇・一%が、ユーロからドルに、あるいはユーロから円に転換するたびごとに、のみならず、ユーロからスイス・フランに、もしくは他のあらゆる通貨に転換するたびごとに適用される。その変動がこの偏差を超えるや否や、一〇〇％の付加税が自動的に適用される。企業や銀行が、ドルとポンドとの間の為替取引であれ、いかなる通貨の組み合わせであれ、課税を受けるユーロ以外の為替取引を進展させるのを防ぐために、ユーロを含まないものでも、すべての為替取引が課税されることになるであろう。たとえば、ドル対円の交換は、フランクフルトにおける為替取引の七％を占めるものであるが、課税されることになるであろう。

今度は、ユーロ・ゾーンだけでなく、EUが通貨取引税を採用するものとしよう。目標は、EUの通貨どうしの為替相場も、ドルや円に対する為替相場も安定させることである。

EUの各通貨、現時点で言えばユーロ、ポンド、スウェーデン・クローナ、デンマーク・クローネのそれぞれについて、正常と判断する、平均に対する変動比率が決定される。

たとえば、ポンドの為替相場が一定比率だけその平均から離れるや否や、付加税が自動的に発動される。その場合もまた、偏差の正確な比率は、過去の経験と当該国により選択される為替相場の安定性の度合いに基づいて決定すべきものであろう。「通貨保護圏」の加盟国がEU諸国のように非常に同質的な地域ブロックを形成しているのであれば、それらの加盟国は、平均からの同じ偏差の比率に具体化される高い協力の度合いを選択することができる。この場合には、すべての国に共通の変動幅が設けられることになる。しかし、地域ブロックが非常に異質性の高いものであったり、各国が自国為替相場の相異なる安定度を選択したりするときには、平均からの偏差の割合が各国ごとに別々であるということも、十分考えられる。たとえば、ユーロの為替相場についてであれば通貨バスケットに対して三％の偏差、ポンドの場合は四％、等々という具合に。

全世界的な通貨取引税の採用に向けての過渡的段階としてわれわれが提案している通貨保護圏は、一九七九年からユーロが実施に移された一九九九年まで存在した欧州通貨制度（ＥＭＳ）の機能の仕方を思い起こさせるものである。ＥＭＳは、ＥＣＵ［欧州通貨単位］と呼ばれる通貨バスケットと、より大きな変動幅の権利を有していたイタリアを除き全加盟国に上下二・二五％*まで認められた変動幅とを中軸として構成されていた。ＥＭＳは多年にわたり、為替相場の長く続く安定期を確保して、うまく機能した。しかし、投機の激しい強襲に見舞われて、一九九二～九三年に二度にわたり「爆発」した。景気後退と失業の増大という状況の中で続けられたマネタリスト的経済政策が、投機の成功に関する責任の一端を負っていたのは確かである。しかし、ＥＭＳの防衛が頼りにしていたのは、不十分だとわかった中央銀行の協調介入と、有害で効力がないという性質が見られた金利の引き上げでしかなかったという事実によっても、投機の成功は説明される。ＥＭＳは、欧州域内のみならずその他世界との関係でも資本の自由移動を確立する、単一市場の創設という文脈の中にも組み込まれていた。もしもＥＭＳが最初から二段階の通貨取引税に基礎を置いていて、中央銀行の協調行動により補強され、資本管理という補助手段を自らに禁ずることもしていなかったとすれば、投機はおそらく打ち負かされていたことであろう。

国際的なダイナミクスを生み出すヨーロッパのイニシアティブ

ヨーロッパで誕生し得る通貨保護圏は、初期の中核を形成することになるであろうが、それ自体が目的ではあるまい。これは最初から開かれたゾーンであって、他のヨーロッパ諸国のみならず他の大陸の諸国もそれに合流することを可能とするような、政治的・経済的なダイナミクスを推進するものとなろう。とりわけ、ＥＵが特権的な経済関係を保っているアフリカ、カリブ、太平洋の諸国（いわゆる「ＡＣＰ」諸国）のことが考えられる。これらの諸国に通貨取引税を押し付けることで新植民地主義を永続化しようというのではなく、「通貨保護圏」にいつでも合流できるように門戸を開放しておこうということである。なお一層好ましいシナリオは、ＥＵが最初からＡＣＰ諸国との間で、条約の内容を交渉により取り決めるということである。

ＥＵが取るイニシアティブは、こうして南の諸国から一挙に好意的な反響を受け、拡大のダイナミクスを推進する国際的な広がりを与えることになるかもしれない。次第に挙証責任は逆になっていくであろう。まだ通貨取引税を採用していない諸国の側こそが、自国の世論に対してなぜそうしないのかを説明すべきだということになろう。これは、とりわけ北の諸国内部の力関係を変えるかもしれないことである。

通貨取引税の全世界的な採用に向けた過渡的局面における国際的拡大のもう一つの可能性は、ラテンアメリカやアジアにおける別の「地域的通貨圏」の創設であろう。世界の中のこの両地域は、ヨーロッパとの関係は同一でないが、ラテンアメリカの南米南部地域におけるメルコスール（南米南部共同市場）やアジアにおけるアセアン（東南アジア諸国連合）のような地域統合プロセスに取り組んでいる。後者の地域においては、一九九七～九八年のアジア経済危機のさなかに、円を中心とした地域通貨圏という考えが日本によって主張されたことがあった。この計画は即座に米国による非公式の拒否権にぶつかり、日本はこれに刃向かおうとはしなかった。この地域におけるドルの全能性に代わるあらゆる選択肢が、遅かれ早かれ当該諸国の政治的解放の意志となって現れる経済的自律性への最初の一歩となることを、米国はよくわきまえているのである。ましてや、通貨取引税とその他の資本規制措置による「通貨保護圏」の形成は、アジア諸国を危機に対してそれほど脆弱ではなくし、それゆえ、ＩＭＦの構造調整計画にそれほど依存しなくすることで、現在の米国支配とぶつかることになろう。

このことはラテンアメリカについても当てはまる。メルコスール（アルゼンチン、ブラジル、ウルグアイ、パラグアイの統合）による通貨保護圏の形成があったとすれば、アルゼンチンがドルとの固定為替相場の罠にはまるのを避けることが可能であったのみならず、高率のインフレとコントロールの利かない為替相場の下落に直面しているこの地域のすべての国にオルタナティブの存在を示すことにもなったであろう。メルコスールの四つの通貨、ユーロ、およびドルから構成される通貨バスケットを創出し、これを二段階の通貨取引税と、必要な場合にはその他の資本規制措置によって保護することで、メルコスールはその諸通貨の変動をコントロールし、地域統合を強化することができたことだろう。しかし、この構想がぶつかるのは、アラスカからティエラ・デル・フエゴ［南米大陸南端マゼラン海峡の南の島］にまで及ぶ自由貿易圏の創出計画と完全に一体化している、全ラテンアメリカにおけるドルの全能性である。

通貨取引税に過度の重要性を認めたり、すべての問題を解決できると思わせたりしたいわけではないが、それは、地域的通貨協力の枠組みにおいて、その通貨があらかじめ規定された範囲内で変動するような共通の通貨圏を形成するのに、南の諸国が利用できる手段の一つとなるであろう。そのことは、これらの諸国に、自国経済の完全なドル化を免れ、主権を少々取り戻す可能性を提供することになるであろう。J・トービンは各国通貨政策に自律性を取り戻すことを願っていたが、自分がドルの支配に異議申し立てをするのに貢献しようなどとは想像もしていなかった。

世界通貨圏に奉仕する全世界的な通貨取引税は、単一世界通貨よりも優れた利点を有する

通貨取引税が全世界的なものになれば、三つの基軸通貨、すなわち、ドル、円、ユーロの間において、その中であれば通常税率が適用されることになる変動幅の原理を再現することが可能であろう。付加税は、三つの基軸通貨を変動幅の中に引き戻すために発動されることになろう。この装置は、現在の競争に代わる、世界規模の通貨協力に役立つように動員されることになるであろう。この装置は、ノーベル経済学賞受賞者のロバート・マンデルにとって大切な、単一世界通貨と同じ目的を果たすことになるであろう。彼は、「トービン税」に反対して、ユーロ、円、およびドルの間での固定為替相場の形で、この考えを主張している。

しかし、三つの基軸通貨の間の保護通貨圏は、追加的ないくつかの利点を有するであろう。単一世界通貨の場合と同様、三通貨の為替相場変動は減少し、投機は阻止されるであろう。しかし、通貨取引税により保護される三つの基軸通貨について取り決められる管理は、短期的には（変

動幅の中での）為替相場の限定的な変動を許すことで、また中期的には通貨バスケットが経済の構造的変数の関数として時間が経つにつれて変化するので（移動平均）、経済により多くの柔軟性を提供するであろう。これは、ドル、円、ユーロの間の固定相場に基づく単一世界通貨では、不可能なことである。

さらに、通貨取引税のメリットは諸通貨の為替相場変動幅を保護することであるのに対し、R・マンデルの装置には為替相場の固定性を防衛するために準備されているものは何もない。最後に、通貨取引税のもう一つの利点で、それも決して小さくはないのは、開発のための財源を生み出すことである。R・マンデルのプランには、新たな財源はなく、それどころか、諸通貨間の固定平価の防衛に財源が浪費されることになろう。

こうした理由で、「保護通貨圏」の中における三つの基軸通貨の協調管理のほうが、ずっと実り豊かであるとわれわれには思われる。それ自体は目的ではないが、堅固な新国際金融秩序、言い換えれば、金融取引の真の透明性、賃金労働者の権利回復の出発点となる金融の権利の制限、そして競争原理に代わる協力原理、といったものに基づいている新国際金融秩序の構築における重要な一段階なのである。

［注］

（1） http://www.tobintaxcall.free.fr/ このアピールは、ATTAC、War on Want（イギリス）、Solidar（EU）、Tobin Tax Initiative（アメリカ）、Halifax Initiative（カナダ）といったNGOの支持を受けた。

（2） Association pour la taxation des transactions financires pour* l'aide aux citoyens（市民を支援するために金融取引への課税を求めるアソシエーション）は、最初、Association pour la taxe Tobin et l'aide aux citoyens（トービン税と市民への支援を求めるアソシエーション）という名であった。全世界からの、非常に多数の文書が、その多言語インターネットサイト http://www.attac.org に見いだされる。

★［訳注］上院の否決の後、国民議会による再可決により成立した。公布までの過程で憲法院の審査を経ているが、国務院はこの段階では関与していない。税率は国務院の議を経るデクレ（行政命令）により〇・一％までの範囲で決定されるものとされた。

（3） このフィルムは、www.waronwant.org のリンクをクリックすることでダウンロードできる。

（4） すべての面にわたる概括については、バンコクに拠点を置くＮＧＯフォーカス・オン・ザ・グローバル・サウスの Jacques-Chai Chomthongdi の論稿を参照。"Tobin Tax and Capital Controls: The Situation Analysis in East and South East Asia", 2001. http://focusweb.org [Halfax Initiative, Conference Papers, http://www.halifaxinitiative.org/updir/Conference_Papers.pdf , pp.49-54]

（5） 一九九九年一一月二九日の Public Law 106-113, H.R. 3194, sec. 561.

（6） これは、結局オックスフォード大学出版局から一九九六年に出版された、われわれが何回も引いてきた Mahbub ul Haq, Inge Kaul and Isabelle Grunberg 編の著作のことである。ここには、Ｊ・トービンの寄稿とともに、定評のある大学研究者や国連開発計画（ＵＮＤＰ）の著名な専門家による、好意的および非好意的な分析が見いだされる。

（7） この点については、ロドニー・シュミット Rodney Schmidt の貢献が決定的であった。

（8） フィンランドの経済学者にして政治学者のヘイッキ・パトメキ Heikki Patomäki は、その著作、*Democratising Globalisation: The Leverage of the Tobin Tax*, Zed Books, London & New York, 2001、において、世界の一地域が「トービン・ゾーン」と彼が呼ぶものを創設できるという考えを最初に主張した人物である。彼はそれを、ブリュッセル自由大学の国際法・欧州法教授 Lieven A. Denys との共同作業による欧州法案の起草によって具体化した。http://www.nigd.u-net.com［http://www.nigd.org に変更］。われわれは、固有の分析を展開しつつ、また、呼称を非個人化しつつ、彼のアプローチに参加するものである。

結論

金融の奪回はオルタナティブな経済政策を実行に移すための出発点である

われわれが希求する通貨保護圏も、さらには全世界的な通貨取引税の採用も、経済政策に関する現状を維持することを狙いとするものではない。経済政策の自律性を回復しても、それを利用せずに、既に十分その無効性と有害性が明らかになった現在の自由主義的政策を継続するのであれば、遺憾なことである。

われわれに直接かかわるEUの例を再び取ってみよう。

何百万もの失業者となって現れた収斂への強行軍での歩み「EUにおける通貨統合への参加の条件としてマーストリヒト条約で定められた、財政赤字の削減や物価上昇・金利格差の縮小などの「収斂基準」

を達成するための努力を指す」の後、いまやユーロが存在するからには、後戻りするということは問題にならないのであって、ユーロの為替相場には重要性がないという考え方と闘うことが問題なのである。現時点では、もはやユーロの為替相場政策はなくなり、インフレ防止の強迫観念にとりつかれた欧州中央銀行（ＥＣＢ）により決定される金融政策があるのみである。

具体的にそれが意味するのは、ユーロ圏における物価上昇が年率二％を超えるたびに、ＥＣＢが短期金利を引き上げることで成長を減速させなければならないと判断するということである。より高い金利は、より少ないクレジットでの消費、より少ない住宅購入、そして、より少ない生産的投資を意味し、その結果、成長に対するマイナス効果が生じる。同時に、より高い金利は外国資本を引き寄せ、それによりユーロの為替相場を支えることになる。ユーロ圏における投資を行なうには、外貨を売ってユーロを買わなければならないからである。ＥＣＢは、それで申し分ないと考える。というのも、より高い為替相場は、石油のような輸入外国産品がより安くなることを意味し、これはインフレーションを低下させるからである。二〇〇二年七月に一ユーロが再び一ドル以上の値をつけたことで、ＥＣＢは有頂天になり、金融投資家たちは強い通貨に投資したことに安心した。そこに見られるのは、反インフレ的金融政策に与えられた優先権の一例であり、為替相場は低かろうが高かろうが、その意義は、成長に対して重要なインパクトを持つにもかかわらず、完全に二次的なものになっている。一九九九年ユーロ創出後のそのドルに対する低下は、成長と雇用の原動力の一つとなってきたヨーロッパの輸出に促進剤を与えてきた。二〇〇二年夏のユーロの再上昇は、七月一五日にドルとの等価［一ドル＝一ユーロ］に達し、ヨーロッパにおける成長の鈍化が既に感じられているまさにその時に、マイナス効果を及ぼす。

しかしながら、EUの蔵相たちは為替政策の責任を有しているにもかかわらず、そのようなことは彼らの側のいかなる反応も引き起こしていない。レッセ・フェール（自由放任）が公式の教義になった。この分野での参照基準はドルであり、全体としてアメリカ政府が経済力の象徴である「強いドル」を好んできたとはいえ、その変動は近年激しいものであった。

ECBとヨーロッパ諸国の当局は、ユーロについても同じ前途を夢見ている。たとえ、そのことが、より低い成長と、より多くの失業、不安定就労、貧困という結果に帰着するとしてもである。

これは、通貨の安定というそのことに価値があり、若干の犠牲には十分値する、ということである。低成長、物価の安定性、低生産性というヨーロッパの文脈においては、利益を増やす唯一の手段は、相変わらず労働コストの引下げという古きよき手法である。これは、ECBのジャーゴン（専門用語）では、「労働市場の機能を改善する」こと、あるいはまた、それほど言葉を選ばない表現では、労働のフレキシビリティ（柔軟性）を高めることを、意味するものである。これはいつも、その明るい面で提示される。

フレキシブルであるということは、専門職業上の能力を高め、あらゆる若い高等教育修了者、あらゆる若い学士号所持者、そして、あらゆる若い失業者に提供される胸ときめく雇用機会を利用できるようにするということだ。そのことがわからないのは、不平屋と、びくとも「動く」ことを望まない者たちだけだ。

しかるに、お伽噺にさえ値しない話に現実が合致していないというのは、わかりきったことである。その役割は、夢を見させることなのだから。

現実を変えるためには、まさに経済政策を変えなければなるまい。失業および貧困と闘うオルタナティブな政策の内容を詳述することは、本書の主題ではない。しかし、それについて少しだけ述べておくならば、その政策は、マクロ経済面での、財政支出の増加と金利の引下げとを用いたヨーロッパ規模でのケインジアン的景気浮揚政策のうちにある。しかし、その政策はそれに尽きるわけではない。富の全面的な再分配と、「ソーシャル・ヨーロッパ」という理念に真の内容を与える実質的な労働時間の短縮も必要であろう。

こうした計画を成し遂げるためには、経済政策の諸手段——すなわち、財政政策のみならず、今日マネタリズムに凝り固まっている金融政策および為替政策——のコントロールを取り戻さなければならない。通貨取引税は、この観点で有効であろう。それは、為替相場の変動を制御することに寄与し、投機的攻撃から保護することで、このオルタナティブな経済政策に自由な行動の余地を与えるであろう。

それゆえ、通貨取引税は単に追加的な税というだけではないのであり、そうでなければ、どうしてそれが多数の国で人々の支持を受けているのかわからないであろう。もう一つのグローバル化を目指して闘う人々を動機づけたのは、弱肉強食の金融に対する闘いの手段としての単純明快さでもあり、世界を不適切に統治しているすべての者たちの尊大さに対するその象徴的な効力でもあり、そして、それが新自由主義的な資本主義を問い直す一段と包括的な視野を開くという事実でもある。

最後に、通貨取引税は、国際的な連帯の絆を回復するための新たな道筋をも提供する。この表現は、植民地解放とヴェトナム戦争の時代に何十万もの人々の政治的戦闘性を引き出していたものだとしても、あまりにもしばしば、ソ連と東欧の官僚主義的独裁体制の欺瞞によって歪曲され、使われなくなっていた。連帯の潮流はもはや一握りの政治的活動家とＮＧＯによってのみ支えられるものではなくなった。これらのＮＧＯは、南のＮＧＯとの協同関係による開発計画を通じて、具体的な連帯の実践を発展させてきた。それらは第三世界の債務の帳消しのためにも闘ってきた。

開発の資金を賄うための財源が存在すると示すことで、通貨取引税は、何よりもまず投機を防止する対策に動機づけられていた人々と、開発への具体的援助に精力を集中してきた人々との間で、橋渡しをすることを可能にした。

通貨取引税の将来がいかなるものであれ、この成果は貴重である。解決策が存在すると示すこと、そして、行動に立ち上がろうという意欲を取り戻すことは、人生を活用して未来を準備する最善の手段である。

［解説］トービン税とグローバル市民社会運動

金子文夫

はじめに

本書は、Bruno Jetin, La taxe Tobin et la solidarité entre les nations, Descartes & Cie, Paris, 2002. の全訳である。

原著者ブリュノ・ジュタンは、パリ・ノール大学で経済学を教える教員であるとともに、アタック（ATTAC＝Association for the Taxation of financial Transactions for the Aid of Citizens, 市民のために金融投機に課税を求めるアソシエーション）・フランス学術委員会のメンバーでもある。冷戦構造の終焉以降、新自由主義的グローバリゼーションが世界を席巻しつつあるが、アタックはそれに対抗する有力な社会運動組織の一つである。そして通貨取引に課税するいわゆる「トービン税」は、アタックをはじめとする「もう一つのグローバリゼーション」を目指す世界の社会運動（グローバル市民社会運動）にとって、実現可能で意義の深い目標として、注目を集めている。本書は、トービン税の単なる解説書でなく、ヨーロッパにおけるトービン税キャンペーンという社会運動を推進するために書かれた実践的な書物である。原著はフランス語で書かれたが、すでにスペイン語版が出されている。

トービン税のアイディアは、一九七〇年代、国際通貨体制がいわゆる「金―ドル本位制」から変動相場制に転換するなかで、通貨価値の急激な変動を抑制し、一国の経済政策の自律性を確保する目的で、アメリカのジェームズ・トービン（一九八一年度ノーベル経済学賞受賞）によって最初に提唱された。しかし、現在のトービン税構想には、通貨投機の抑制の他、世界の貧困問題等の解決にあてる財源獲得の役割、さらには資金を管理・運用する国際機関の民主化といった戦略的な目的が盛り込まれている。

以下、一九九〇年代以降のグローバル市民社会運動のなかで、トービン税がいかなる位置づけを与えられたのか、どのような運動主体がキャンペーンを展開していったのか、その背景や影響はどのようなものであったのかについて、大きく三つの時期に区分して検討を進め、本書理解の一助としたい(1)。

1. ニクソン・ショックからアジア通貨危機まで

トービン税の提唱

一九七一年八月、アメリカのニクソン大統領は、ドルの金への交換性停止を発表した。これによって、第二次大戦後に成立したＩＭＦ体制（ドルを基軸とした固定相場制）は崩壊し、国際通貨システムは変動相場制へと移行していく。変動相場制のもとでは、為替相場の乱高下は避けがたく、投機的な通貨取引によって金融政策の自律性、経済活動の安定性が損なわれる。

アメリカのケインズ派経済学者ジェームズ・トービンは、一九七二年のプリンストン大学での講演で、すべての外国為替取引に低率の課税を行ない、短期の投機的取引を抑制するというトービン税のアイディアを提唱した。この講演は一九七四年に出版され、さらに一九七八年のアメリカ東部経済学会会長講演で、彼はこの構想を本格的に展開した(2)。

しかし、トービンの提案はその後二〇年ほどの間、ほとんど関心をもたれることがなかった。一つには、新古典派総合、新自由主義の主流派経済学からイデオロギー的に忌避されたからであり、また実務的にもあらゆる通貨取引への一律課税は不可能とみなされたためである。

一九八〇年代に入り、世界的にはレーガン、サッチャー流の反ケインズ主義、新自由主義による金融自由化が支配的潮流になっていくなかで、通貨・金融危機や累積債務危機といった国際経済システムの綻びが目立つようになる。一九八七年一〇月のニューヨーク株式市場の大暴落（ブラックマンデー）とその国際的波及は、金融市場のグローバル化の事実を明白に示すとともに、市場の暴走を食い止める措置の必要性を明らかにした。これを契機とする証券取引への課税は、トービン税にヒントを得たものであり、また株価急変時に取引を停止する「サーキット・ブレーカー」の導入は、その後のトービン税構想に継承されていく。

他方、一九八二年八月に表面化したメキシコ債務危機は、発展途上国の多くが悩まされる世界的な累積債務問題の発端であった。変動相場制のもとで、先進国の過剰化した資金と途上国の外資依存型の開発戦略とが結びつき、債務がふくれあがった結果、途上国側の返済が不能となる事態を招いたわけである。その当面の解決のために、ＩＭＦ、次いで世界銀行が、債務救済と引換えに「構造調整プログラム」による厳しい引き締め政策を強要していく。結果として、途上国の貧困問題が深刻化し、またＩＭＦ・世界銀行に対する批判の声が高まっていく。そこから、貧困問題解決、国際機関民主化という今日のトービン税運動の新たな課題が生まれてくる。

グローバル化とトービン税の再発見

一九八〇年代を通じて無視されてきたトービン税は、九〇年代に入ると徐々に注意をひきはじめる。冷戦構造の解体、一九九五年のＷＴＯ設立など、グローバル化が本格化し、その負の影響が深刻化していったからである。

第一に、通貨危機に関しては、一九九二年に欧州通貨制度（ＥＭＳ）の危機、一九九四年にメキシコのペソ通貨危機など、投機筋による攻撃が繰り返された。この頃になると、学界でもトービン税への関心が高まり、研究論文の数が増えてくる。一九九六年には、主要な論文を集めたＭ・ハク他編『トービン税——金融変動性に対処する』という文献が刊行された。[3] 注目すべきは、ＩＭＦがドイツの経済学者、パウル・シュパーンに調査を依頼したことである。シュパーンは今日のトービン税構想の柱となっている二段階課税のアイディアを打ち出した。[4] そして一九九七年のアジア通貨危機が、トービン税への関心を一気に高める契機となった。

第二に、貧困問題の関係では、一九九四年に国連開発計画（ＵＮＤＰ）が、『人間開発報告』のなかで、途上国の貧困問題解決の財源として、トービン税による税収をあてる提案を行なった。[5] これが、通貨投機対策とは別の目的のトービン税提案の最初であろう。トービン自身もこの報告書に寄稿し、税収の確保は自分の提案の主たる目的ではないとしつつも、ＵＮＤＰの提案を支持する意向を表明した。報告書では、通貨取引への〇・〇五％（トービンの案では〇・五％）の課税で年間一五〇〇億ドルの税収をあげると試算している。この報告を前提に、一九九五年三月にデンマークのコペンハーゲンで開かれた国連社会開発サミットでは、トービン税導入が決議の草案に組み込まれた。しかし、先進国側の強い反対によって決議からは取り消された。この後、特にアメリカはトービン税の論議を嫌悪し、国際会議で取り上げないよう圧力をかけていく。[6] しかし、貧困、債務問題はさらに深刻化し、ジュビリー２０００という債務帳消しキャンペーンが展開されることになる。[7]

第三に、国際機関の民主化問題では、一九九五年のブレトンウッズ体制五〇周年に向けて、ＩＭＦ・世界銀行批判の声が高まりを見せていく。一九八〇年代以降、ＩＭＦ・世界銀行は、貧困層を犠牲にする構造調整プログラムの押しつけ、環境を破壊するプロジェクトへの融資、不透明で非民主的な意思決定システムなどが問題とされ、NGOによる抗議活動が活発化していく。一九八八年に西ベルリンで開かれたIMF・世銀合同年次総会に対する一〇万人デモが、こうした抗議行動のはじまりであった(8)。この系統では、一九九四年、アメリカにNGO連合「五〇年で、もうたくさんだ」(50 Years is Enough)が結成された。同じ年、カナダでは、翌一九九五年のG7ハリファックス・サミットを標的に、ハリファックス・イニシアティブ(Halifax Initiative)が結成された(9)。この組織は、NGO、教会組織、労働組合などのネットワークで、国際機関の民主化を重点目標とし、その一環としてトービン税キャンペーンに取り組んでいく。また一九九五年にはGATTを継承し、強大な権限をもつWTOが発足した。これもグローバル市民社会運動の大きな標的となっていく。

このように、通貨危機、貧困、国際機関の民主化、それぞれの課題が合流し、一九九〇年代末以降のトービン税運動が展開していくのである。

2. アジア通貨危機以後

NGOネットワークの拡大

一九九七~九八年のアジア通貨危機は、タイ、インドネシア、韓国に与えた打撃の大きさと、ロシアからブラジル、アメリカへと広がる危機の連鎖によって、巨大な投機資本(ヘッジファンド)

の存在とその規制の必要性を国際社会に強く印象づけた。この通貨危機を契機に、グローバル市民社会運動としてのトービン税キャンペーンは新たな段階に入っていく。

まず、フランスにアタックが結成された。九七年一二月、月刊誌『ル・モンド・ディプロマティーク』に論説「金融市場を非武装化する」が掲載され、国際金融市場を規制する運動の呼びかけがなされ、ＮＧＯ、労働運動、農民運動、市民運動などの様々な団体や個人を結集した組織（アタック）が九八年六月に誕生した。これは会員数の拡大、地域組織の形成、他国への波及など、ネットワークの広がりの点できわめて注目すべき動きであった。また異議申し立てだけでなく、研究者の参加を得て代案を提起し、国会・地方議会議員に働きかけていく活動スタイルも特徴的である。[10]

アタックはヨーロッパから南米へと拡大していき、また同様の目的と活動様式をもった組織が次々とつくられていく。カナダでは、九四年結成のハリファックス・イニシアティブがトービン税を重点目標として議会に働きかけ、一定の成果をあげていく。アメリカではカリフォルニアを中心に一九九八年にトービン税イニシアティブが発足した。これもカナダと同様のネットワークで、ＮＧＯ、労働組合、教会組織、それに法律家団体などがメンバーとなった。[11]

ヨーロッパでは、各国のアタックの他に、フィンランドのＮＩＧＤ（Network Institute for Global Democratization）が注目される。これは一九九七年設立で、グローバリゼーションと民主主義の関係に関心をもち、国際機関の民主化に焦点をあてつつ、活発に情報を発信している。[12] またドイツでは、一九九〇年設立のＮＧＯのＷＥＥＤ（World Economy, Ecology & Development）が、トービン税に積極的にかかわるようになった。[13] さらにイギリスでは、世界の貧困問題に取り組むＮＧＯであるWar on Wantを軸に、五〇あまりの団体が結集して二〇〇一年にトービン税ネットワーク（Tobin Tax Network）を発足させた。構成団体は、イギリス市民社会に広範な基盤をもつ組織であった[14]。オックスファム、グリーンピース、地球の友等の有力NGO、教会組織、労働組合などで、イギリス市民社会に広範な基盤をもつ組織であった。

これら、アタックを中心とする欧米のネットワーク組織は、様々な会議、セミナーを通じて相互の連携を強めていく。世界的な場としては、二〇〇一年から毎年一～二月に開催されている世界社会フォーラム（WSF）があり、各組織はそこでトービン税をテーマにしたセミナーやワークショップに参加し、運動の前進を図っていく。WSFは第一回、第二回、第三回、第五回が、ブラジルのポルトアレグレで開かれ、二〇〇四年一月の第四回のみがインドのムンバイで開催された[15]。また、ヨーロッパでは、二〇〇二年からヨーロッパ社会フォーラムが開かれており、第一回は二〇〇二年、フィレンツェ、第二回は二〇〇三年、パリ、第三回は二〇〇四年、ロンドンで開催された。こうした積み重ねをふまえ、各国のトービン税に取り組むグループを結集して、ヨーロッパ通貨取引税ネットワーク（ECTTN）が組織されている[16]。

トービン税構想の深化

トービン税実施への批判として、税率問題と徴税実務上の難点がしばしば指摘される。前者は、投機を抑制するほどの高い税率では通常の通貨取引が妨げられ、といって低い税率では投機を抑制できないという難問である。後者は、課税逃れ、代替的取引形態への移行が生じ、実効力をもたないとする問題である。

前者の税率問題では、パウル・シュパーンの貢献をあげることができる。彼はドイツの大学で経済学、財政学を教える研究者であり[17]、ＩＭＦの依頼を契機とした研究において、二段階課税という手法を考案した。これは、通貨市場が平常な時期には、税率をきわめて低い水準に設定し、通常の経済活動を妨げないと同時に税収を確保する一方、投機目的の急激な相場変動が生じた場合には、取引を禁止するほどの高率の課税をする（サーキット・ブレーカーの設置）という手法である。これによって、通常の経済活動を抑止せず、投機を防止するという二つの両立しがたい要請に応じる税率設定が可能となった[18]。

後者の課税逃れ対策では、ロドニー・シュミットが説得力ある議論を展開した[19]。シュミットは、カナダ政府で国際金融担当の仕事をした後、ベトナムの国際開発研究センターでプログラム・アドバイザーを勤め、カナダの南北問題研究所の研究スタッフとなっている[20]。彼の議論によれば、課税は通貨取引の決済地で行なうべきであるが、今日決済システムは技術的・制度的に電子化・形式化・集中化が進み、中央銀行や監督官庁の監視が強められてきているため、課税回避は困難になっているという。外為取引の二通貨の決済の同時履行を連続的に保証するＣＬＳ（Continuous Linked Settlement Bank, 多通貨同時決済機構）が二〇〇一年に稼働を開始したことは、その象徴的表現であり、オフショア取引もデリバティブも捕捉が可能だとする。

こうしたシュパーンやシュミットの貢献によって、今日ではトービン税は技術的に可能であり、問題は政治的意思にかかっているという認識が一般化しつつある。そのうえで、税収をどこが管理し、いかに運用していくかという問題関心が高まっている。この点で積極的な構想を打ち出しているのはフィンランドのヘイッキ・パトメキである。

パトメキは、フィンランドのＮＩＧＤを拠点に国際機関の民主化推進を提唱しており、トービン税を梃子とした民主化構想については、二〇〇一年の著書『グローバリゼーションの民主化』のなかで包括的に論じている。[21] 彼はまた、法律家のリーフェン・デニスと共同で、「グローバル通貨取引税条約草案」（Draft Treaty on Global Currency Transactions Tax）を提起している。パトメキは、ハリファックス・イニシアティブによって二〇〇一年一〇月にバンクーバーで開催された会議「通貨取引への課税――実行可能性から実行へ」で法律家のリーフェン・デニスと知り合い、二〇〇二年一月の世界社会フォーラムに両者の連名で条約草案を提出した。[22] 草案は全体で五編二九ヵ条からなる。そこでは、課税対象や方法を定義し、税率は通常〇・〇二五％ないし〇・一％、非常時は八〇％と定めたうえで、税収を管理する機関ＣＴＴＯ（Currency Transaction Tax Organisation, 通貨取引税機構）について詳しく規定している。ＣＴＴＯには各国政府代表からなる理事会を置くが、投票権は人口に比例させ、その他に民主的総会を設け、各国議会やＮＧＯから議員を派遣するなど、意思決定システムの民主化が提唱されている。

このように二〇〇〇年代に入り、旧トービン税の想定を超えて議論は進展している。これらを総合したのが、ブリュノ・ジュタンによる本書であって、本書を読めば、深化したトービン税構想の全体像を理解できるであろう。

体制側への浸透

トービン税実現を目指すグローバル市民社会運動は、少しずつだが着実に前進を遂げてきている。国連、各国政府・議会等の動きを時系列的に整理してみよう。[23]

まず、すでに述べたように一九九五年の国連社会開発サミットでは、決議草案にトービン税の検討が盛り込まれたが、最終的には削除されている。同じ九五年の国連五〇周年記念式典、またG7ハリファックス・サミットの蔵相会議でも、トービン税の検討が提起されたが、ほとんど問題にされなかった。

一九九七～九八年のアジア通貨危機の後、NGOのキャンペーンが各国議会を動かすようになる。一九九九年三月、カナダ議会は、「国際社会と協力して金融取引に課税すべきである」との提案を、賛成が反対の二倍に達するほどの票差で採択した。[24] 二〇〇〇年一月、イギリス議会は、政府がトービン税の可能性について検討を進めるよう促した。そして二〇〇一年一一月、フランス議会が、EU域内で加盟国すべてが賛同した場合にトービン税を導入する、との決議を可決した。

EUレベルでは、二〇〇〇年四月、欧州議会がトービン税導入について検討するという決議案を僅差で否決している。ただし、その後のEU蔵相会議などでは検討課題とされており、NGOによる欧州議会メンバーへの働きかけが継続している。

国連では、二〇〇〇年六月にジュネーブで開催された社会開発サミット・プラス5において、カナダがトービン税（通貨取引税）の可能性を検討するという提案をしたが、アメリカの拒絶反応で「新しい革新的な資金源」という文言に変更された。しかし、考え方は盛り込まれたとみてよいであろう。同じ年の九月、国連ミレニアム・サミットでは、二〇一五年までに世界の貧困層を半減するなどの数値目標を掲げた「国連ミレニアム宣言」が採択され、MDGs（ミレニアム開発目標）の達成が国際社会の重要な課題となっていく。その財源として、トービン税が改めて注目されていく。

二〇〇〇年一二月、アナン国連事務総長の諮問組織として「開発資金に関する専門家委員会」が発足した。二〇〇一年七月にまとめられた報告書では、開発のための「革新的な資金源」として、炭素税とともにトービン税があげられた(25)。次いで、二〇〇二年三月、メキシコのモンテレイで開催された国連「開発資金に関する国際会議」では、ドイツ政府がシュパーン作成の「外国為替取引税の実行可能性について」と題する報告書を提出した(26)。そこには、課税は世界全体で行なう必要はなく、ヨーロッパのみでも可能との主旨が盛られていた。しかし、ここでもアメリカの抵抗によって、「革新的な資金源」の検討という表現に改められている。二〇〇二年八月のヨハネスブルグ・サミット（リオ・プラス10）でも、状況は同様であった。

こうして、一進一退状態が続くかにみえたが、二〇〇四年からフランス、次いでイギリスの積極的な動きが起こっていく。この背景に、イラク戦争をめぐるアメリカとヨーロッパの対立の影響をみることができよう。

3. 二〇〇四年以後の新局面

ＭＤＧｓの実現に向けて

二〇〇〇年に提唱された国連のＭＤＧｓは、二〇〇二年のモンテレイ会議の合意があいまいなため開発資金の目途が立たず、スタート直後から早くも実現が危ぶまれる声があがった。二〇〇五年は中間レビューの年とされ、二〇〇四年に様々な動きが起こっていく。

リーダーとなったのはフランスであった。シラク大統領は二〇〇三年一一月、ＭＤＧｓのための革新的な資金調達方法を検討する目的で、個人資格で参加する特別グループを設置した。代表は会計検査院のジャン・ピエール・ランドーで、政府、ＩＭＦ、経済界、大学、ＮＧＯなどから一五名がメンバーとなった。注目すべきは、有力なＮＧＯであるCoordination Sud、アタック、オックスファムからもメンバーを出していることである。[27]グループは二〇〇四年の前半に作業を進め、八月には報告書（ランドー・レポート）をまとめている。ランドー・レポートは、先進国がＯＤＡを国際目標のＧＤＰ比〇・七％まで増額する必要性を指摘したうえで、それとは別の革新的な金融メカニズムの創出を提唱する。その手法として、ＩＦＦ（International Finance Facility, 国際金融ファシリティー）と国際課税をあげる。ＩＦＦは市場で政府保証つき債券を発行する方法で、即効性はあるが長期的には国際課税でカバーされなければならないとして、国際課税について詳細に検討している。国際課税の種類では、環境税（炭素税、航空輸送税、海上輸送税）、金融取引税、多国籍企業への課税、兵器取引税などがあげられる。金融取引税については、税率は〇・〇一％、課税の目的は単に税収をあげることであって、投機の抑制ではないと述べている点が特徴的である。報告書は、銀行の通貨取引を自己勘定取引（transactions of their own account）と市場形成取引（market making transactions）に区分し、後者は資金ポジションのバランスをとるための操作として課税対象外とする。おそらく銀行業界からの抵抗を考慮して、こうした表現をとったかと推測されるが、これによって銀行間取引は事実上免税となり、税収はかなり減少するであろう。この結論にＮＧＯメンバーが不満だったためであろうか、報告書には、付録としてアタックと Coordination Sud メンバーの提出した文書が添付されている。特にアタック学術委員会のジャック・コサール（Jacques Cossart）が提出した「もうひとつのグローバリゼーションのためのグローバル課税に向けて」は、包括的で質の高い提言となっている。

ランドー・グループの作業と並行してフランスは、ブラジル、チリと連携して、ＭＤＧｓの資金創出に向けた提言を準備していく。二〇〇四年のジュネーブ宣言に基づき、「革新的な金融メカニズムについての専門家グループ」が設置され、その報告書「飢えと貧困と闘う行動」が、フランス、ブラジル、チリ、それにスペインを加えた四ヵ国レポートとして、二〇〇四年九月に発表された。[28]そこでも、ランドー・レポートと同じように、革新的な資金調達方法として、金融取引税、兵器取引税、ＩＦＦなどが提案された。金融取引税の要点、論理展開はランドー・レポートとほぼ同一であって、両者の強い関連性を推測させる。四ヵ国レポートは、二〇〇四年九月、国連総会のためにニューヨークを訪れた各国首脳を集めた「飢えと貧困を考える世界サミット」の宣言文に活用された。[29]

なお、二〇〇四年の動きでは、ベルギー議会がトービン税法案を可決したことも特筆に値する。[30]

二〇〇四年七月に採択されたこの法律は、通称を「トービン・シュパーン法」といい、税率を〇・〇二％、八〇％の二段階に設定している。カナダ、フランスの議会決議と異なり、一三条からなる単独法の形で採択した点が画期的といえる。実施はEU各国の導入に合わせるとされた。

MDGsのための資金調達手段の提案は二〇〇五年にも続けられていく。二〇〇五年一月、スイスのダボスで開かれた世界経済フォーラムは、貧困撲滅のための行動が焦点となった。シラク大統領はランドー・レポートに基づく「国際連帯税」提案を行ない、イギリスのブレア首相はIFFに重点を置いた提起を行なった。アフリカの貧困問題への取り組みを重視するイギリスは、二〇〇四年にブレア首相を委員長とするアフリカ委員会を設置した。メンバーは一七名で、ゴードン・ブラウン財務相、ミシェル・カムドシュ元IMF専務理事、それにエチオピアの首相、タンザニアの大統領ら九名のアフリカ人を含んでいる。二〇〇五年三月発表の報告書は、アフリカの貧困の現状と要因を分析したうえで、資金源についてはODAとIFFをあげている[31]。国際税についてはあまり論じていないが、航空券への課税には言及している。二〇〇五年七月のG8グレンイーグルズ・サミット（議長国はイギリス）、九月の国連世界サミット（ミレニアム＋5）を経て、国際税としての航空券税を、フランスを中心にいくつかの国々で導入する方向が明らかになった[32]。

現実主義と理想主義

二〇〇五年初め、イギリスとフィンランドでトービン税に関する報告ないし出版が相次いだ[33]。そのなかで、トービン税をいかに実現していくかをめぐって、戦略の分岐が生じてきている。トービン税が実現に近付くにつれ、当初の理想から離れて妥協的になっていく傾向は避けがたい。シラク提案ははっきりと、国際連帯税はトービン税ではないと言明している。そこで、ともかく柔軟に対応して低いレベルで早期の実現を目指し、それから次のステップに進むのか、あるいは原則を崩してまで安易に導入すべきでないとするのか、グローバル市民社会運動の内部に、現実主義と理想主義の対立が生まれている。前者はイギリスのソニー・カプーア、後者はフィンランドのヘイッキ・パトメキが代表している。

ソニー・カプーアはもと為替トレーダーで、トービン税ネットワーク、公正税ネットワーク、ジュビリー2000などのNGOのアドバイザーをしている為替の専門家である。彼は二〇〇四年に『通貨取引税――金融の安定性増進と開発金融』と題するレポートの草案をまとめ、二〇〇五年に確定稿とした(34)。彼の提案は、通貨取引に〇・〇〇五％という超低率の税をかけ、市場メカニズムを歪めることなく為替市場の安定化を図り、特別な場合に高率の課税をするという二段階課税方式である。超低率であるため、年間の税収は一五〇億ドルと見積もり、ODA増額、IFF等と合わせてMDGsの資金源にすると主張する。これは急進的な提案でなく、すでに証券取引では採用済みの方策で、金融市場の安定化によって市場メカニズムはより有効に機能し、貿易・投資・経済成長が促進され、銀行利益は向上すると論じる。

カプーア提案には、抵抗勢力たる金融界の懸念を払拭しようとする意図が現れているが、まさにその点にパトメキの批判が浴びせられた。二〇〇四年一一月、フィンランドでグローバル課税に関するワークショップが開かれ、カプーアも参加しているが、そこでパトメキはカプーア批判の報告を行なった(35)。

パトメキの批判点は次のように整理できる。第一に、カプーア提案は新自由主義イデオロギーに屈服しており、市場メカニズムを善とし、多国籍企業に親和的であって、アタックやWSFに結集した社会運動の精神から離れている。ケインズ派のトービンは、市場を規制する考え方を打ち出しているが、カプーアはケインズ派でなく、主流派である。

第二に、MDGsの資金獲得が主要目標とされ、現行のODAシステムを批判する視点を欠いている。国連はODAの増額とともにWTOの自由化路線を支持しているが、カプーア提案はこれに疑問を呈していない。

第三に、トービン税の重要な目標である国際機関の民主化について、完全に無視している。一国単位でのトービン税の導入は、非民主的で不平等な国際システムを突き崩すという大きなビジョンの実現を妨げることになる。

このようにパトメキはカプーア提案を容赦なく批判している。この原則的な指摘は、その限りでは正当性をもっている。ただ、MDGsを焦点として、ヨーロッパと途上国が連携し、新たなうねりが生じようとしている時、改良的課題と根本的課題を対立させ、原則論を繰り返すだけでよいのであろうか。おそらくトービン税の現実性がはるか彼方であれば、こうした論争は生じなかったであろう。実現が近付いてきたからこそ、厳しい分岐が生じたと考えられる。そうした局面にあっては、対立面を強調するのでなく、現実主義的な改良的課題をいかにして根本的課題の解決に結びつけていくか、その構想力が問われているのではあるまいか。

ひるがえって日本では、トービン税について、これまで社会的関心を呼び起こす大きな運動をつくりえていないのが実情である。トービン税を主題とする書物は、日本では本書が初めてであろう。トービン税に取り組む社会運動団体としては、二〇〇一年にアタック・ジャパン（首都圏）[36]が発足し、その後、関西、京都、北海道、広島、九州などに関連団体が生まれ、二〇〇四年にはオルタモンド[37]が設立された。しかし、様々な市民組織、社会運動団体にトービン税の重要性が認知されているとはいえない。MDGsについては二〇〇五年に「ほっとけない世界のまずしさ」キャンペーンが展開され[38]、「ホワイトバンド」が一種のブームとなったが、それとトービン税との間にはなおかなりの距離がある。

筆者も訳者の和仁氏も属するトービン税研究会というささやかなグループが生まれたのは二〇〇一年一一月のことであった。以後、内輪の勉強会を主とし、若干の公開セミナーを開いた程度で対外的な活動は不十分であった。本訳書は、この研究会から生まれた一つの成果である。本書の出版を契機に、日本社会でもトービン税に対する関心が少しでも高まっていくことを期待して、解説の結びとする。

［注］

（1） 関連文献として、吾郷健二『グローバリゼーションと発展途上国』コモンズ、二〇〇三年、特に第七章「開発金融と投機的資本――いわゆるトービン税をめぐって――」、北沢洋子『利潤か人間か――グローバル化の実態と新しい社会運動――』コモンズ、二〇〇三年、特に第七章「資本投機を規制する為替取引き税」をあげておく。本稿では、これらを参考にしつつ、二〇〇四年以降の動きをつけ加えた。

（2）吾郷健二、前掲書、二六五ページ、諸富徹「金融のグローバル化とトービン税」（『現代思想』三〇巻一五号、二〇〇二年一二月）一四四ページ。

（3）Mahbub ul Haq, Inge Kaul and Isabelle Grunberg eds., *The Tobin Tax: Coping with Financial Volatility*, Oxford University Press, 1996.

（4）Paul Bernard Spahn, *International Financial Flows and Transaction Taxes: Survey and Options*, IMF Working Papers, 95/60, 1995; "The Tobin Tax and Exchange Rate Stability", *Finance and Development*, June, 1996［『トービン税と為替レートの安定化』〈日経調資料96-6〉］

（5）UNDP, *Human Development Report 1994*, pp.68-70.

（6）北沢洋子、前掲書、一七一ページ。

（7）ジュビリー２０００については、北沢洋子、前掲書、第六章「最貧国の債務の帳消し」参照。

（8）北沢洋子、前掲書、八六ページ。

（9）http://www.halifaxinitiative.org/

（10）ＡＴＴＡＣ編、杉村昌昭訳『反グローバリゼーション民衆運動　アタックの挑戦』柘植書房新社、二〇〇一年、および、http://www.attac.org/ 参照。

（11）http://www.ceedweb.org/iirp/

（12）http://www.nigd.u-net.com

（13）http://www.weed-online.org

（14）http://www.tobintax.org.uk

（15）世界社会フォーラムについては、ウイリアム・F・フィッシャー、トーマス・ポニア編、加藤哲郎監修『もうひとつの世界は可能だ——世界社会フォーラムとグローバル化への民衆のオルタナティブ——』日本経済評論社、二〇〇三年、ジャイ・セン他編、武藤一羊他監訳『世界社会フォーラム 帝国への挑戦』作品社、二〇〇五年、参照。

(16) http://www.cttcampaigns.info/ecttn/

(17) ARENA, *Asian Exchange*, vol.17, no.1,〈Capital Flows: Arresting Speculation & Volatility〉, 2001, 執筆者紹介による。

(18) Paul B. Spahn, Stabilising Exchange Rates with a Tobin-cum-Circuit-Breaker Tax, in *Asian Exchange*, vol.17, no.1. 諸富徹、前掲論文、一五七〜一六〇ページ、参照。

(19) Rodney Schmidt, *A Feasible Foreign Exchange Transactions Tax*, North-South Institute, Vietnam Economic and Environment Management, 1999（Walden Bello, Nicola Bullard, and Kamal Malhotra eds., *Global Finance: New Thinking on Regulating Speculative Capital Markets*, Zed Books, 2000に収録）。

Rodney Schmidt, *Efficient Capital Controls*, International Development Research Centre, Government of Canada, 2000（*Journal of Economic Studies*, vol.28, no.3, 2001, *Asian Exchange*, vol.17, no.1に収録）。

吾郷健二、前掲書、二七七〜二八〇ページ、参照。

(20) *Asian Exchange*, vol.17, no.1、執筆者紹介による。

(21) Heikki Patomäki, *Democratising Globalisation: The Leverage of the Tobin Tax*, Zed Books, 2001.

(22) Heikki Patomäki and Lieven A. Denys, *Draft Treaty on Global Currency Transactions Tax*, NIGD Discussion Paper 1/2002, Heikki Patomäki, "Reactionary and progressive versions of the Tobin Tax", in Jorma Penttinen, Ville-Pekka Sorsa, and Matti Ylonen eds., *More Taxes!: Promoting Strategies for Global Taxation*, ATTAC Finland, 2005, p.34. 草案の邦訳は、http://www.jca.apc.org/attac-jp/ATTAC_dept.htmlに掲載。

(23) 吾郷健二、前掲書、二八五ページ、参照。

(24) http://www.halifaxinitiative.org/hi.php/Tobin/112/

(25) 諸富徹、前掲論文、一六〇ページ。

(26) 同前、一六〇、一六四ページ。

(27) The working group on new international contributions to finance development, *The Landau Report*, (groupe de travail sur les nouvelles contributions financieres internationales, *rapport a Monsieur Jacques Chirac President de la Republique*). (http://www.diplomatie.gouv.fr/actu/article.gb.asp?ART=44576)

(28) The technical group on innovative financing mechanisms, *The Quadripartite Report*〈*Action against Hunger and Poverty*〉, Sept., 2004. (http://www.diplomatie. gouv.fr/actu/article.gb.asp?ART=44576)

(29) http://www.diplomatie.gouv.fr/actu/article.gb.asp?ART=45325

(30) http://www.cttcampaigns.info/documents/be/

(31) Commission for Africa, Our Common Interest, 11 Mar.,2005. (http://www.commissionforafrica.org/english/report/introduction.html)

(32) 航空券税については、http://altermonde.jp/ 参照。

(33) Anthony B. Atkinson ed., *New Sources of Development Finance*, Oxford University Press, 2005. Sony Kapoor, *The Currency Transaction Tax*, Tobin Tax Network, 2005. Heikki Patomäki, Teivo Teivainen, *A Possible World: Democratic Transformation of Global Institutions*, 2005. Jorma Penttinen, Ville-Pekka Sorsa & Matti Ylonen eds., *More Taxes!: Promoting Strategies for Global Taxation*, ATTAC Finland, 2005.

(34) 前掲、Sony Kapoor, *The Currency Transaction Tax*, Tobin Tax Network, 2005.

(35) 前掲、Heikki Patomäki, "Reactionary and progressive versions of the Tobin Tax", in *More Taxes!: Promoting Strategies for Global Taxation*.

(36) http://www.jca.apc.org/attac-jp/japanese/index.html

（37）　http://altermonde.jp/
（38）　http://www.hottokenai.jp/

Bruno Jetin（ブリュノ・ジュタン）
フランス，パリ・ノール（パリ第13）大学経済センター経済学教員。
自動車産業の社会的生産モデル，発展途上国の労働市場と労働組織，金融市場の規制などを研究。
ATTACフランス学術委員会メンバーで，資本規制，通貨取引税，その他国際公共財と開発の金融のためのグローバル課税問題を担当。グローバル課税を支持して欧州議会で証言，世界社会フォーラムに参加。関連論文多数。現在はタイで自動車多国籍企業の分析をしている。

和仁道郎（わに・みちろう）

1962年生まれ。横浜市立大学国際総合科学部教員。

東京大学大学院経済学研究科博士課程単位修得退学。

国際金融論・ヨーロッパ経済論などを研究。

主要論文「戦間期フランスにおける景気循環」（東京大学『経済学論集』，1993年），「欧州経済の構造と変遷」（『現代世界経済システム』東洋経済新報社，1995年），「EUにおける経済的収斂と直接投資」（『横浜市立大学論叢』，1998年）。

金子文夫（かねこ・ふみお）

1948年生まれ。横浜市立大学国際総合科学部教員。

東京大学大学院経済学研究科博士課程修了。

多国籍企業，ODA，FTA，東アジア共同体などを研究。

横浜アクションリサーチセンター，トービン税研究会，オルタモンド会員。

主著『近代日本における対満州投資の研究』（近藤出版社，1991年），『顔のない国際機関　IMF・世界銀行』（共著，学陽書房，1995年），『復興期の日本経済』（共著，東京大学出版会，2002年），『徹底検証ニッポンのODA』（共著，コモンズ，近刊）。

トービン税入門
——新自由主義的グローバリゼーションに対抗するための国際戦略

2006年 3 月20日　初版第 1 刷発行

著　著——ブリュノ・ジュタン
訳　者——和仁道郎
装　幀——桑谷速人
発行人——松田健二
発行所——株式会社 社会評論社
東京都文京区本郷2-3-10お茶の水ビル
TEL.03-3814-3861/FAX.03-3818-2808
http://www.shahyo.com/
印　刷——ミツワ
製　本——東和製本

Printed in Japan